上海教育出版社　江苏第二师范学院

学校管理

第一辑

2025 No.1

图书在版编目（CIP）数据

学校管理. 2025年. 第一辑 / 江苏第二师范学院主编. — 上海：上海教育出版社，2025.4. — ISBN 978-7-5720-3423-7

Ⅰ. G47

中国国家版本馆CIP数据核字第20259PQ520号

策划编辑　刘美文
责任编辑　马丽娟　周　伟
封面设计　肖禹西

学校管理2025年第一辑
江苏第二师范学院　主编

出版发行　上海教育出版社有限公司
官　　网　www.seph.com.cn
地　　址　上海市闵行区号景路159弄C座
邮　　编　201101
印　　刷　上海盛通时代印刷有限公司
开　　本　787×1092　1/16　印张 5.25
字　　数　108 千字
版　　次　2025年4月第1版
印　　次　2025年4月第1次印刷
书　　号　ISBN 978-7-5720-3423-7/G·3058
定　　价　15.00 元

如发现质量问题，读者可向本社调换　电话：021-64373213

卷首语

教育家精神照亮学校管理：让人成为有创造力的主人

卢梭曾说过，世界上有门学问最重要又最不完备，这门学问是关于人的学问。由此，我们完全可以说，教育世界中最重要又最不完备的学问更是关于人的学问，抑或说，教育本身就是培养人的学问，是大学问、深学问。毋庸置疑，学校管理当然是为了培养人，是大学问、深学问，而且是难学问。

是的，学校管理是关于人的学问，管理之"理"就在探索人的发展规律，开发人发展的潜能，激发学校的办学活力。此"理"即道理，即原理，即本质，即核心，忽略"理"、丢弃"理"便没有所谓真正的管理可言。不少名家、大家都言及这个"理"。比如，管理大师彼得·德鲁克就说过，管理就是极大地激发人的善。这与孟子所论及的"性本善"是完全一致的。即使"性本恶"也要通过教育、通过管理去弃恶求善——王阳明早就以善与恶为关键词，形成了"四句教"。教育家马卡连柯也曾讲过类似的话，他说："培养人就是培养他对前途的希望。"学校管理让学生也让教师对未来满怀期待，这才是真正意义上的科学管理。

今天，在新时代，我们要再次认识、发现管理的本质，要用教育家精神透视管理，照亮学校管理改革之路。回望历史，教育家都是科学的管理大智者。梁启超先生在清华园演讲时，阐释的"自强不息，厚德载物"，后来成为公认的清华校训，至今都激励着学子，伴随着他们的一生。梁启超指引了教育和管理的至高境界，引导学生永远向上。梅贻琦领导学校，他的办学名言是："所谓大学者，非谓有大楼之谓也，有大师之谓也。"他治校之道就是"吾从众"三个字。"大师非大楼"和"吾从众"，是他民主兴校、学术治校生动而又深刻的表达。看今朝，诸多名家、名校长都在探索中国教育现代化进程中的治校、兴校之道，创新学校管理的新要求、新特点和新路径。无论是李希贵提出来的"教育首先是关系学"，还是唐江澎所描绘的高中毕业生形象；无论是窦桂梅所坚守的"成志教育"，还是杨瑞清所践行的"大情怀育人"……无不闪耀着教育家精神的光芒。弘扬教育家精神，定会推动学校管理向深处漫溯，向高处攀登。

用教育家精神照亮学校管理，一定要紧紧围绕着立德树人根本任务来改革学校管理，引导学校优质发展。现代学校管理，旨在构建更高水平的育人体系，培养德智体美劳全面发展的社会主义建设者和接班人，培养担当民族复兴大任的时代新人。时代新人有真挚的爱国情、强烈的强国志、切实的报国行，坚定的理想信念引领他们为实现百年美好梦想而挺膺担当。这是学校管理之魂，我们要办有灵魂的学校。

用教育家精神照亮学校管理，一定要让所有的人成为学校的主人。教师应当是主人。他们言为士则，行为世范；他们启智润心，有育人智慧；他们勤学笃行，求是创新；他们乐教爱生，甘于奉献……教师只有成为学校的主人，才会自觉地管理好班级，建设好学科，上好每一堂课，教好每个学生，齐心协力创造学校，创新学校文化。学生也应当是主人。他们不只是接受教育的对象，而且是学校改革发展的参与者、创造者。学生有自己的世界，他们又生活在学校这一成人世界中。怎么让这两个世界融通起来，怎么让教师融进儿童世界，尊重儿童，信任儿童；又怎么让学生主动进入成人世界，并在其中和教师一起建设积极有意义的生活，成为名副其实的主人，这是个大学问。其秘诀就在于：学校管理要以解放为核心，向学生敞开，让每个人对未来充满美好的渴望。能让师生都成为主人的学校，才会构建起高水平的学校管理。

用教育家精神照亮学校管理，一定要激发学校活力。活力来自制度创新，学校少不了制度。没有规矩，不成方圆。管理要有严格的规范，这是常识，必须坚守。问题是我们需要什么样的制度、什么样的管理。我以为，学校需要在伦理学视域下创新管理制度，这样的制度充满着人文关怀，既有刚性的规则，又有温暖和审美愉悦的体验，师生在情绪沸腾、思想飞扬中生成智慧、创造新生活，学校活力被极大激发，才能成为培养创新精神的乐园。这样的管理，定会形成以文化人的弘道追求的大气象。

《学校管理》创办 40 多年了，积累了丰富的经验，影响并培养了一批名校长。我们相信，在教育家精神指引下，2025 年《学校管理》一定能迈上发展新台阶，引领学校管理改革，坚定向着伟大的 2035 前行！

江苏省教育科学研究院研究员
香港中文大学（深圳）当代教育研究所高级研究员
教育部基础教育改革指导组专家，原国家督学　成尚荣

目　录

构建以科学家精神为中心的以德育人新生态

◎ 朱　焱 / 江苏省南京师范大学附属中学

近年来，南京市第一中学（以下简称"南京一中"）坚持用习近平新时代中国特色社会主义思想凝心铸魂，紧紧围绕全面提高人才自主培养质量的战略要求，扛起百年名校的时代使命，在新时代普通高中拔尖创新人才早期培养实践中谋新意、探新路、做新事，瞄准科学家精神这个中心，深入把握好人与才、德与能、知与行、德育实施与学科教学、课程思政与思政课程等的逻辑辩证关系，构建起以德育人的新生态。

一、以课程建设为抓手，落实科学家精神育人的载体

南京一中研制了高中生科学素养评估方案，从评估要点出发，本着面向人人、注重实践、培养志趣的课程建设思路，对应学生不同的发展方向、兴趣指向和能力层级，设计出"望星""摘星""探星"三大项十二类科学教育校本课程，其下再分别开设数量不等的社团活动、研究性学习、双高贯通大学先修课程等，并在这些课程和活动中渗透和融入理想信念教育，引导学生培养爱国之情、树立报国之志。

以本组系列文章中提到的"院士1课堂"为例，这是学校架构科学类校本课程体系、探索课程思政与思政课程同向发力的一个创新举措，致力于让学生在科学家身边成长，学习科学精神和科学家精神，并将此课程作为学生发展指导和生涯规划指导的重要载体，帮助学生立大志、做大事。截至目前，已有50多位院士走进南京一中，数万人次学生线上线下聆听参与，产生了较大的社会影响。为了实现"院士1课堂"育德功能的最大化，学校从三个方面进行了精心设计：一是师资上从"为我所有"到"为我所用"，邀请每一位科学家成为"崇文导师"，并有序安排到各个班级，实现班级管理的双导师制；二是提出讲座内容"三应有"，即应有科学家自身的成长史和立志报国的奋斗故事，应有科学家研究领域在我国科技自立自强中的作用和地位，应有科学家当下研究与现有高中课程知识的关联；三是从"此课堂"到"彼课堂"，各学科教师都会提前拿到"院士1课堂"的主题，并结合这一阶段各自的学科进度，在自己的课堂进行适度的整合和融合。在南京一中，全体学生热爱、期待和全身心投入这个小讲堂，青年学生

爱党报国的大梦想也在每一次聆听、互动和交流中得以点燃和升腾。

二、以创新人才培养项目为抓手，落实科学家精神育人的实践特性

2021年6月，南京一中联合江苏省工程师学会共建"江苏少年工程院"，致力于培育实践创新的工程师文化，探索青少年科技特长培养和创新潜质培育的新平台。"崇文少年科学行"是这一创新平台中的特色项目之一，由科学家、工程师、研究生等带领学生参加讲座、研学、项目研究和国家重大项目、参访实验室等。目前已有全省近百名中学生参与进来，组织了数十次各类参访、研究活动。我们把项目的立足点放在"行"上，突出德育的实践性。"崇文少年科学行"致力于让浸润其中的学生做好三个"行"：一"行"，学生不仅要在书中学，更要走入大社会、走到大平台、走近大项目，只有实际参与和真切体验，才能让科学真正深入人心；二"行"，新时代的学生要敢于表达、表现独属于自己的时代风采和风貌；三"行"，在困难和未知面前，学生要敢于探索、敢于亮剑、敢于成功。

三、以德育体系更新为抓手，落实科学家精神育人的融合路径

一是以体育德。举办"运动塑品格，科技筑未来"体育节，紧扣"科技强国"时代主题，激发学生发挥创意，展示科技魅力，笃定科技强国梦想。二是以美养德。以全省"致敬科技星斗"雕塑作品观展分享会为契机，在校园内组织学生演讲、诗歌创作、对话名家、艺术作品征集等，全新设计了"感悟艺术，致敬科学"的融合课程。学校创作的科技主题的艺术作品让学校每一面墙都在"说话"，德育之功潜移默化。三是以劳促德。每年举办"迎新大集""实践学农""慈善行走"，在学生的劳动实践等活动中融合财商课程、志愿精神，夯实学生的精神底色。

南京一中是一所百年名校。百年来，在"崇文求真"精神的引领下，南京一中以"成全"的时代表达传承和创新着学校的教育文化，通过课程、实践、体系等全要素的活化运行，帮助一代代崇文少年立大志、明大德、成大才、担大任。未来，我们还将继续整合资源、横向联动、上下贯通，进一步跳出教育看教育、打开校门办教育，探求更加有效、有质、有品的学校德育新格局。

【作者简介】朱焱，男，江苏省南京师范大学附属中学校长，南京市第一中学原党委书记，江苏省政协常委，正高级教师，江苏省特级教师，南京大学博士生导师。

（责任编辑：印亚静）

新时代"大思政"育人模式的创新与实践：以南京市第一中学为例

◎ 李昱蓉 / 江苏省南京市第一中学

摘　要　本文以南京市第一中学为例，探讨了新时代背景下"大思政"育人模式的创新与实践，揭示了"大思政"育人模式的时代意义并提出了具体的实践路径，分析其如何建设特色大思政课程体系，协同思政课程与课程思政的同向同行，实现思政小课堂与社会大课堂的有效结合，构建"大思政"协同育人新格局。同时提出了对现有实践成果的反思，强调在课程设计的整体性、教师领导力的提升、评价体系的建构等方面还须进一步优化，旨在为其他教育主体提供借鉴，推动思政教育的改革与发展。

关键词　"大思政"育人模式　创新实践　南京一中

自党的十八大以来，习近平总书记围绕思政课程建设作出了一系列重要论述，强调要善用"大思政课"，并且要同现实结合起来。在新时代背景下，思想政治教育的重要性愈加显著。作为全国首批中小学科学教育实验校之一，南京一中通过一系列创新实践，探索了思想政治教育与科学教育、劳动教育及社会实践的有机结合，形成了独特的"大思政"育人模式。本文旨在通过分析南京一中的创新实践，探讨"大思政"育人模式的实践路径和成效，为思想政治教育领域提供新的视角和实践指导，进一步强化其在当代教育体系中的核心地位。

一、构建"大思政"育人模式的时代意义

"大思政"育人模式意味着要系统谋篇，把立德树人的理念落实到教育教学活动的各个过程中，它是一种全方位的、多层次的协同培养模式，旨在培养学生正确的价值观念，提升学生的思想政治品质。其时代意义主要体现在以下方面：

（一）对培养时代新人的有力回应

在新时代的背景下，"大思政"育人模式是致力于培养具有"国之大者"胸怀、能够担当民族复兴大任的时代新人的可靠保证。"未来三十年，我们培养的人要能够完成'两个一百年'的伟业。"[1]这些建设

者必须"有理想、敢担当、能吃苦、肯奋斗"，是心怀"国之大者"。赵新峰是我国在协同教育培养模式领域的先行者之一，他强调教育工作者在协同教育中实施素质教育的重要性，并提倡教育体系应从传统的封闭模式向更加开放和合作的模式转型，以适应时代的发展需求，这种转变不仅是必要的，而且是时代发展的必然趋势。在当前这个充满挑战和机遇的"大时代"，我们面临着"教育强国"这一重大历史使命，为了应对这些挑战，构建课程必须具有广阔视野和深远眼光，以推动教育目标的实现。"大思政课"的设计旨在培养学生的综合素质，促进他们对社会责任和时代使命的深刻理解，具有广阔的视野与格局。

（二）发挥思政课程和课程思政各自优势的需要

习近平总书记指出，要用好课堂教学这个主渠道，思想政治理论课要坚持在改进中加强，提升思想政治教育亲和力和针对性，满足学生成长发展需求和期待，其他各门课都要守好一段渠、种好责任田，使各类课程与思想政治理论课同向同行，形成协同效应。[2]发挥思政课作为关键课程在思想政治教育领域的关键作用，为学生提供政治教育、思想塑造、价值引领，这是培养合格人才的主渠道。如果将政治立场、价值引领、道德规范融入学科教学之中，就更贴近学生的实际，更易于被学生接受和理解，也使思想政治教育不局限于思政课堂，有利于形成跨学科协同育人格局，实现全员、全程、全方位育人。当前，高中思政课教学与其他课程教学之间仍存在学科和专业的隔阂，贯彻落实思政课程和课程思政协同育人具有强烈

的紧迫性，我们应通过整合教育资源、提升教育实效、培养全面发展的人才、促进学科交叉融合以及强化价值引领，为培养新时代的社会主义建设者和接班人提供有力支撑。

（三）拓展育人主体和空间形成教育合力的需要

"大思政"育人模式通过多元化的教育主体和空间，形成了强大的教育合力，拓宽了教育路径，为学生的全面发展提供了更广阔的平台。学校的思政课教师、各学科教师、班主任、管理干部都是育人主体，而相关部门、学校、社会、家庭等形成了多方面校外育人主体，如南京一中的"院士1课堂"课程，邀请院士讲述自身经历，将科学家精神传达给学生，使他们在感受真理力量时迸发情感共鸣，帮助其真正实现入脑、入心、入行。"大思政"育人方式将思政小课堂与社会大课堂结合，将社会大课堂中的鲜活素材和真实问题导入小课堂的教学，用在课堂学习的科学理论去解决真实的社会问题，有利于拓宽思想政治教育的空间和路径，形成强大的思想政治教育合力，是善用"大思政课"的一大突破口。

二、构建"大思政"育人格局的实践路径

（一）立足校本学情，构建富有特色的大思政课程体系

构建"大思政"育人格局的落点在于课程。一方面要积极推进思政课教学的课堂变革，另一方面要以思政课为核心，积极推进一体化思政类校本课程的建设，构建系统的大思政课程体系。南京一中是全国首批科学教育实验校之一，在科学教育方面有着深厚的历史底蕴，不断探索科技创新后备人

才早期培养的实践路径。思想政治素质是科技创新人才素质构成的基石，在思政课堂教学变革中，学校采用议题式、案例式、情景模拟、角色扮演等多种互动教学法，教学过程中真正做到基于学生立场，把学生推向真学习的主体，在学习活动的浸润中感受思政课堂的魅力。学校在确保国家课程质量的基础上，积极开发"院士1课堂""模拟政协""高中生财经素养"等思政类校本课程，涵盖科学精神、公共参与、劳动教育、文化传承等多个方面，丰富思政课的育人内涵，构建全面的大思政课程体系。以"院士1课堂"课程为例，学校计划邀请100位院士为学生开设100节科技创新讲堂，目前已有天体化学与地球化学家欧阳自远院士等50多位科学家相继开讲，学生在"院士1课堂"中领略科技创新前沿的学术成果，分享科学家故事，了解影响科学家在某一领域积极探索、勇于创新的因素，特别是家国情怀在科学家认知和改造世界的过程中起到的作用，从个人价值、社会发展与人类文明的视角深刻领悟科学家精神与"大国工匠"精神，将社会主义核心价值体系渗透到科学教育中，取得了良好的育人效果。

（二）善用教育资源，实现思政课程与课程思政协同育人

学校在坚定发挥思政课主渠道作用的基础上，探索打通学科之间专业壁垒的方法，融合不同的主体与资源，实现各类课程与思想政治课同向同行，从而发挥课堂教学在育人中的整体功效。在课程思政与思政课程的协同育人的探索中，将历史资源纳入大思政课体系中是有益的尝试。学校围绕国家公祭日，打造国际和平教育课程，每年邀请侵华日军南京大屠杀遇难同胞纪念馆专家开设《公祭读本》第一课，学生社团连续七年承担国家公祭日《和平宣言》的朗诵任务，进行浸润式的爱国主义教育；同时，还打造了"这里的党史很动听"系列微课，举办了"统编历史教科书中的党史""统编教科书中的大中国"知识竞赛等，旨在以党的百年历史成就作为现实基础，帮助青年学生应对多元社会思潮冲击，促进知识、情感、态度和价值观的共同发展。将劳动教育融入思政课教学，是"大思政"教育实践的又一积极探索。劳动教育强调实践指导，而思政教育则通过完备的课程体系实现价值引领和育人功能，两者在教育目标、教学内容及实践活动方面存在内在耦合关系。基于此，学校将劳动教育纳入大思政课程体系，推进其课程化、系列化，以课程基地为平台，开发并实施"思政+劳动"融合育人课程，分年级围绕不同主题实施，包括楼顶农场种植、手工制作工艺品、科技制作等，同时开展了"迎新大集"商业活动、行知基地农业实践活动、科技创新制作活动等特色主题活动。学生通过劳动锻炼了体魄，懂得珍视劳动成果，体会劳动的崇高；通过劳动激发了创造力和想象力，培养了责任感和团队合作精神。

（三）拓展教育场域，将思政小课堂与社会大课堂有机结合

思政小课堂与社会大课堂有机结合是"大思政课"育人实践的必然举措，这一结合促进了知行合一。思政小课堂为社会大课堂提供理论支撑，社会大课堂为思政小课堂提供实践平台，二者在教学内容、教学方式、教学资源等方面有机结合，形成良好的协同育人生态。学校开发的"崇文少年科学行"主题式德育活动，为有志于科技创新的学生开启为期2年的项目体验和实践学习，通过访问科研人员、体验实验项目，使学生真切地接触到前沿科技应用的新领域，开拓了从书本知识到实践应用的新视野，以更清晰地勾画未来个人发展蓝图，从激发"爱国情"到树立"强国志"，进而为在未来转化为"报国行"做好准备。"慈善行走"是学校的思政类实践课程，也是品牌课程之一，具有深远的区域影响力。这一课程面向高一学生，已历时14年，每年的行走主题都与当年的时政热点相结合，体现时代特点，聚焦社会热点。如2021年恰逢中国共产党成立100周年，为庆祝这一伟大历史事件，学校把行走的主题定为"追寻红色记忆，赓续红色精神"，选择雨花台烈士陵园为出发地，以教育学生秉承雨花英烈精神，树立崇高理想和远大志向。14年来，学生沿着明城墙及其遗址，在教师、父母的陪伴下，徒步10个小时，完成36千米的行走。慈善行走募得的善款，帮助六合区马集镇初级中学的41名学生改善了生活、完成了中学学业；让六合区东王小学近200名乡村留守儿童有了一座环境优美、书香浓郁的乡村图书室"崇文馆"；使对口援建的陕西镇安中学设立了励志奖学金，首批5万元奖学金已经让50名品学兼优的学生受益。南京一中的学生在行走中用慈善诠释了崇文学子的社会责任担当。

"大思政"育人是一项系统工程，强调多主体、重协同，在课堂教学和课外活动中都蕴含着丰富的思政元素，应将其有机地融入立德树人的过程中。要认识到不同的育人主体在"大思政课"中扮演的角色与职责不同，需要由分工到形成合力，将其对接学校德育工作体系，形成以家庭为基础、以课堂为主阵地、以德育活动为载体的多方合力的育人大环境。

三、深化"大思政"育人模式的实践反思

（一）课程内容须从协同育人角度加强整体设计

作为一项系统设计，"大思政"育人格局的构建需要学校管理者以及教师具备系统思维，进行整体规划，并在资源整合、课程体系规划、教学内容创新等方面下功夫，在充分把握学生特点和成长规律的基础上，在不同学段循序渐进地推进。目前对育人对象的特点、需求和成长规律的把握有待加强，要对学生进行全面深入的了解，掌握其学习情况、思想动态和心理特点；在课程内容设计上存在思政元素发掘不够深入，认为将思政课的内容叠加到其他课程中就是课程思政，思政课仅依赖课堂教学等狭隘思政观，没有形成各方协同的"大思政"育人观。因此要对"大思政课"的课程体系进行系统规划，包括明确课程目标、设计课程内容、确定教学方式和评价标准，以及构建相应的支持体系，实现理论教学与实践教学的统一，形成家校社协同育人的大格局。

（二）高中教师的"大思政"课程领导力须进一步提升

2016年12月，习近平总书记在全国高校思想政治工作会议上指出，所有课堂都有育人功能，不能把思想政治工作只当作思想

政治理论课的事，其他各门课都要守好一段渠、种好责任田。[3]"大思政"育人功能的实现要求我们构建一支多元化的教师队伍。这不仅包括思政课的专业教师，也包括其他学科教师、校外专家等。这对高中学科教师的课程素养提出了更高要求，教师自身的课程领导力成为落实"大思政"的关键所在。如何从学科课程上升到学科"大思政"，实现知识体系与价值体系、知识学习和育人功能的统一？如何实现课程之间的沟通协调，确保"大思政"目标与学科发展之间的有效联动？如何把握学生认知规律，将学生的学习发展与生活成长空间有机整合，构建"大思政"视域下的新教学？这些必须深入研究的问题，在日常繁重的教学任务与巨大的高考压力下，很多教师在日常教学中无暇顾及，"大思政"和学科课程"贴标签""两张皮"的现象持续存在。

（三）全面反映育人目标的评价体系还须探索建构

评价体系的构建与完善一直被视为课程改革的关键环节，然而"大思政"课程评价体系的构建尤为复杂，因为它要兼顾思想政治教育的多维目标和时效性要求，这需要我们从不同的角度和层面来评价学生的学习成果，包括认知层面、情感层面和社会技能层面等。评价标准的整体设计是构建有效评价体系的基石。评价设计应是一个持续的过程，这种连贯性要求评价体系能够贯穿于教育教学的各个环节，从课堂学习到课外实践，从个人作业到团队项目，形成一个全面、动态的评价网络。评价体系构建的复杂性带来的挑战有：如何确保评价的公正性和有效性？如何避免评价过程中的主观性和随意性？如何将评价结果与学生的个性化发展需求相结合？这些都是我们在构建"大思政"课程评价体系时需要深入思考的问题。

综上所述，构建一个全面反映"大思政"课程目标的教学评价体系，是一项系统而复杂的工程。它需要我们在理论与实践之间不断探索和创新，以期达到教育评价的最佳效果，促进学生的全面发展。[本文系2023年度江苏省教育科学规划专项课题"思政课程赋能科技创新后备人才培养的实践路向研究"（编号：SJMJ/2023/12）的阶段性研究成果。]

【作者简介】李昱蓉，女，江苏省南京市第一中学教师发展处主任，"苏教名家"培养对象，正高级教师。

参考文献

［1］习近平.论党的青年工作［M］.北京：中央文献出版社，2022.
［2］［3］习近平.习近平总书记在全国高校思想政治工作会议上的重要讲话［N］.人民日报，2016-12-09（1）.

（责任编辑：印亚静）

高中生涯规划一体化实践路径

——以"自我认知与探索之旅"主题班会为例

◎ 陈　恒　张　弛 / 江苏省南京市第一中学

摘　要　本文介绍了一种基于主题班会的高中生涯规划教育模式，该模式通过定制化目标和整合生涯规划要素，构建了三年一体化的教育体系。以"自我认知与探索之旅"主题班会为例，该模式通过学生主导和任务驱动，促进学生自我认知、探索职业世界，并做出个性化生涯决策。

关键词　生涯规划　主题班会　自我认知与探索　案例分析

截至 2024 年 12 月 16 日，我国共有 23 个行政区域采纳了"3+1+2"的高考科目组合模式。在该高考模式下，高考总分计算涵盖了语文、数学和英语三门基础科目，同时要求考生从物理和历史两门科目中选取一门作为必选科目。此外，考生还要在化学、生物、政治、地理四门科目中自由选取两门以完成科目组合。此模式为考生提供了 12 种科目选择组合。新高考通过"增加学生选择权"，使青年的自我探索和对未来的思考决策前置；选择空间的加大及选择时间的前置，为高中生铸就了个性化发展的机缘，但也使得原本缺乏选择教育和选择能力的高中生更加迷茫和困惑。职业生涯规划教育被普遍认为是"解决'落实学生选择权'这一紧迫问题的最'可靠'的途径"[1]。因为高中生普遍表现出缺乏对自身能力与兴趣的清晰界定，再加上获取

的外部信息资源有限，高中生对大学专业设置、职业路径与高考科目选择之间的内在联系认识不透。因此，帮助高中生意识到生涯规划的重要性，提高他们的规划能力，并激励他们为实现梦想而努力，是高中德育的核心任务之一。

本文尝试通过以主题班会为平台，整合生涯规划中的各个要素，形成高中三年一体化的生涯教育，助力学生成长。

一、高中生涯规划的三年一体化策略

（一）基于学生发展的高中三年生涯规划目标

高中时期学生的生理和心理发展正从青少年阶段过渡到成年初期，高一、高二、高三不同学段学生的心理特点和生涯发展需求不相同，同一阶段不同学生个体的心理特点和生涯发展需求也不完全相同。因

此充分考虑不同学段的学生特点和生涯需求，建立高中三年生涯发展目标，是确保生涯教育有效性的必要措施。

表1　高中三年生涯发展规划

生涯发展任务	学生特点	生涯规划实施路径	班会主题
高一年级：生涯唤醒与探索自我	高一学生刚从初中升入高中，面临全新的学习环境和要求，在适应新环境和学科选择上面临较大挑战。高一学生正处于职业生涯规划的探索期，开始对未来的专业和职业选择有热切的渴求，但职业认知意识不强，主动性和参与度较低。	1. 借助测评工具，帮助学生清楚自己的能力和兴趣，为高一分科做准备。2. 开展"走进大学"系列活动，了解大学概况、专业设置，帮助学生树立正确的生涯规划意识。	1. 认识与探索自我——我的学科特长主题班会。2. 我的大学梦——了解大学概况主题班会。
高二年级：探索外部世界	高二学生在人际关系上有显著发展，他们不仅需要与同龄人建立广泛的联系，也需要与成人世界进行越来越多的交流。高二学生在平衡学业的前提下，开始考虑未来的升学路径和职业发展方向，可以多维度地帮助他们了解不同职业特点，培养职业关键技能。	1. 开展职业生涯专题讲座。邀请不同职业的优秀毕业生与学生进行面对面交流，让学生了解每个职业的幸福感及光鲜背后鲜为人知的不易之处，同时也让学生了解不同职业所必备的关键技能，有的放矢地去发展自我。2. 进行沉浸式职场体验。在不妨碍正常工作前提下，组织学生以小组为单位进入工作现场，近距离观察不同职业的实际工作内容与要求，开展实地学习和职业体验活动。活动结束后，每组学生需要完成一份详尽的职业体验报告，记录他们的观察、感悟以及所获得的第一手行业见解。	1. 邀请医生、教师、公务员、金融行业、律师专业人士开设生涯专题讲座。2. 职业体验交流。
高三年级：生涯决策	高三学生有着更加明确的学习目标和未来规划，但由于学习节奏加快、学习氛围紧张，学生每天需要应对大量的新知识和练习，经常处于疲于奔命的学习状态，忽略了对学习策略和效率的反思。	引导学生通过自我探索和外部体验，制作切实可行的生涯规划书，并学会运用时间管理等工具合理安排时间；确立升学方案，优化学业目标实施路径。	坚持正确人生选择，成就青春梦想——年级生涯规划大赛。

（二）以主题班会为主体，搭建生涯教育平台

高中生涯规划教育是为提升学生的生涯规划水平而采取的各种相关的教育教学活动的总和。[2]班主任在学生的成长过程中扮演着至关重要的角色，而班会则是进行生涯规划教育的有效平台。因此，通过主题班会可以增强学生对生涯规划的理解，提升他们的规划技能，并促使他们付诸实践。

可以充分利用校内外资源，包括教师、行业专家、高校资源等，为学生提供丰富的生涯规划信息和指导。邀请不同领域的专业人士参与班会，学生能够直接从一线从业者那里获得行业动态和职业要求。

针对学生的个性化兴趣和发展需求，可以丰富主题班会的活动形式，如职业角色模拟、实战型面试演练以及职业规划研讨会等。此类互动性强的体验式学习活动旨在让学生更直观地了解不同职业的特点，同时帮助他们发现并培养自身的职业兴趣。

另外，强化家庭与学校的协同作用也是生涯教育中的重要环节。可以借助家长委员会，向家长分享学校的职业引导策略，邀请他们参与到学生的职业探索过程中。此举不仅有助于家长深入理解学校在职业指导方面的努力，还能加强家庭与教育机构之间的合作，共同致力于学生的全面发展与成长。

二、"自我认知与探索之旅"：高中生涯规划主题班会案例分析

（一）学生主导：确定班会的主题

学生作为主题班会的核心参与主体，扮演着至关重要的角色。因此，在班会主题的选择过程中可由班级学生干部牵头，参照高中三年生涯发展目标的整体框架，协同全体学生共同策划并决定班会主题。在主题确立之后，学生群体便着手明确各自的分工，并对活动的各个环节进行详尽规划。在班会展示阶段，参与者展现出积极的互动性；活动结束后，学生继续进行深入交流，以增强主题班会的教育成效。

以高一年级为例，随着课程难度的提升及12种不同科目选择组合的选择困难，学生所承受的学业压力显著上升。同时，人际关系成为他们关注的焦点，这不仅可能分散其学习专注度，还可能因人际互动的压力导致身心疲惫。基于此，班会的主题设定为"自我认知与探索之旅"。

（二）任务驱动：促进学生深度思辨

在确立班会主题的初期，班主任鼓励学生讨论班级内存在的问题，通过小组协作与分工，增进相互理解与配合。在此过程中，教师能够潜移默化地影响学生，达到教育的目的。同时，采用多样化的活动形式可以提升学生参与班会的积极性。

表2 "自我认知与探索之旅"学习任务单

任务一：明确困惑原因	活动一：海龟汤 海龟汤是一种提问游戏，通过封闭式问答的方式，对学生在生涯规划上的困惑进行递进式提问，逐步剖析内心情感变化，找到学生认知特点，提高问题解决的针对性。	举例： 学生对未来职业选择感到迷茫，可以通过以下问题进行探讨：是对现有学科不感兴趣吗？是对未来职业没有清晰认识吗？是缺乏职业规划的资源和信息吗？被提问者只能回答是与不是，得到回应后再将问题范围逐步缩小，直至找到原因所在。
任务二：体验职业角色情感	活动二：生涯规划情景剧 青春期的学生由于生理和心理的变化，常常会对职业选择产生困惑。为了帮助学生更好地理解不同职业角色的情感，增强同理心，可以通过角色扮演的方式来进行一次职业角色情景再现。	举例： 有几个学生对未来的职业选择持有不同的见解，可以挑选这几个学生分别扮演不同的职业角色，如医生、教师、工程师等。通过预先准备的剧本，这些学生在班会上模拟职业选择的情景，生动展现各个职业所面临的挑战与情感体验。在这一过程中，这些学生应尽可能深入地融入角色，亲身体验该职业的情感波动和工作细节，而其他学生则以观察者的身份，从旁观角度审视整个职业选择的过程，并思考自己若置身相同情景中的反应。 情景再现完成后，全班学生可以共同参与讨论，分享对表演的看法。大家一起探讨各个职业角色的独特之处，分析每个同学可能的职业倾向，并讨论哪些职业选择最能契合个人的兴趣和发展方向。这样的互动不仅能够加深学生对不同职业的理解，还能促进他们对自己未来路径的思考。通过这样的互动，学生不仅能够更加深刻地理解到职业选择的重要性，也能够学习到如何以更加成熟的态度去面对和解决职业规划中的矛盾。
任务三：清晰认识自我与职业倾向	活动三：自画像 通过MBTI（一种心理测评工具，旨在帮助个人理解自己的性格特点、偏好以及可能的职业适应性）等科学测评帮助学生形成自画像，清晰认识自我与职业倾向。	举例： 经过MBTI测试，有的学生是执政官型人格，可能比较善于管理和领导，适合从事管理类职业；有的学生是调停者，可能比较善解人意，适合从事咨询或社会工作。但需要注意的是，科学测评是帮助学生认识自我的工具，人是复杂的，具体职业选择还需要结合个人兴趣和市场需求进行具体分析。
任务四：提升生涯规划思维能力	活动四：思考帽 选择不同的思考帽：红色代表情感和直觉，白色代表客观中立，黑色代表谨慎和批判性思考，黄色代表乐观和积极，绿色代表创造性和扩展性思考，蓝色代表控制和组织过程。	举例： 学生在职业选择上的矛盾，可以表达出来。班干部组织学生分小组佩戴不同的思考帽，即从不同的角度去看待问题，进而对问题有全面的认识，找到解决问题的方法。

德育工作不仅体现在主题班会那短短40分钟的展示上,更重要的是通过前面几天甚至几周的筹备过程,引导学生识别、发现、剖析并解决遇到的问题,从而达到春风化雨般的教育成效。

（三）教育延伸：班会后的教育实践与影响

为了在班会结束后延续这种教育影响力并深化其主题,可以采取以下措施:一是在班级日志中增设一个心灵交流专栏,促进更深层次的心灵对话与相互理解。二是推行"心灵便笺"活动,鼓励学生在便笺上写下激励自己或他人的话语,并将其张贴于公告板上,以此互相激励、携手前进。

便笺的使用方法可以分为以下几类:

教师可以定期安排自我反思任务,如让学生记录自己的兴趣、优势和待改进之处,并将这些笔记贴在显眼位置（如课桌或宿舍门上）。长期的视觉提醒有助于学生持续关注个人特点和发展需求,深化自我理解。

鼓励学生面对难题时,先记录问题,再列出多个解决方案,最后选择最优方案实施。这一过程不仅能锻炼学生的逻辑思维,还能增强学生独立解决问题的信心与能力。

利用便笺作为工具,指导学生设定短期与长期目标,比如"下个月要读完三本书""大学毕业后想从事什么职业"等,并将其具体化为可操作的步骤。这样既有助于学生明确自己的发展方向,也能激发他们的积极性和创造力,为实现个人梦想打下坚实的基础。

总之,便笺作为一种简单而有效的辅助手段,在帮助学生加强自我认知、提升解决问题能力和进行生涯规划方面发挥着重要作用。它不仅能够促进学生的全面发展,还能够在一定程度上减轻教师的工作负担,提高教育效果。

以主题班会为平台,通过学生主导和任务驱动,整合生涯规划中的各个要素,形成高中三年一体化的生涯教育,可以有效帮助学生对自身能力与兴趣有清晰界定,促进学生自我认知、探索职业世界;同时还能提供职业规划指导,帮助学生为今后的职业选择做好充足准备,并做出个性化生涯决策。

[本文系2023年度江苏省教育科学规划专项课题"思政课程赋能科技创新后备人才培养的实践路向研究"（编号:SJMJ/2023/12）的阶段性研究成果。]

【作者简介】陈恒,男,江苏省南京市第一中学教师,一级教师。张弛,女,江苏省南京市第一中学教师。

参考文献

[1] 刘静.高考改革背景下高中生涯规划教育的重新审视[J].教育发展研究,2015,35（10）:32—38.

[2] 向小琴.高中班会实施生涯规划教育的策略——以《坚持正确人生选择,成就青春梦想》主题班会为例[J].福建教育,2022（43）:19—22.

（责任编辑：印亚静）

新时代普通高中家校共育的实践策略

——以南京一中 2021 级 3 班为例

◎ 朱永严 / 江苏省南京市第一中学

摘　要 新时代党和国家推动拔尖创新人才培养模式不断变革，迫切需要充分发挥学校教育的主导责任和家庭教育的主体责任，实现家校共育效果的最大化。本文针对目前高中阶段家校共育存在的问题，以南京一中 2021 级 3 班为例提出共享信息、共建资源、共商计划等策略，有效建立家校支持系统与成长系统，弥补传统教育的局限，为家校共育提供更全面、更深入的教育视角。

关键词 新时代高中　家校共育　意义　策略

教育部、中央宣传部等十七部门联合印发的《家校社协同育人"教联体"工作方案》，要求各地结合实际建立家校社协同育人"教联体"。由此可见，在当今社会，教育已不再仅仅是学校的责任，家庭同样扮演着至关重要的角色。家校共育成为新时代教育的必然趋势。

家校共育最早可追溯到苏联教育家苏霍姆林斯基的教育思想。他说："教育的效果取决于学校和家庭的教育影响的一致性。如果没有这种一致性，那么学校的教学和教育过程就会像纸做的房子一样倒塌下来。"高中阶段是学生世界观、人生观和价值观形成的关键期，也是生涯探索的主要时期。家校共育的根是家庭，家庭是孩子的第一所学校，家长是孩子的第一任老师，家长要给孩子讲好"人生第一课"，帮助孩子扣好"人生第一粒扣子"。家庭教育不能一股脑儿推给学校、推给老师，家长应切实履行家庭教育的主体责任。家校共育的魂是学校，在家校共育中，只有理清双方职责，才能最大限度地让各方不越位、不缺位、不错位。学校是实现学生全面发展的重要场所，教师应做好学生求学的"大先生"，当好学生成长"引路人"，承担起教书育人的主导作用。

一、高中阶段家校共育的意义

家校共育的优势在于共，意义在于育。家校共育有利于实现家校教育思想的共享、教育内容的充实与教育效果的提升，为学生德智体美劳全面发展创造更有利的条件。

（一）实现教育思想的共享

定期组织家校共育活动，为家校共育

搭建教育思想沟通的桥梁和平台，有利于实现教育思想的交流，促进家校更好地了解彼此的教育思想，共同探讨如何更好地教育学生。同时，家校共育也有助于消除教育误区，避免因教育观念的不同而产生的矛盾和冲突。家校共育，形成更加全面、科学的教育思想，实现家校共育同心，为学生的成长和发展提供更有力的支持和保障。

（二）实现教育内容的充实

实施家校共育，家长可以通过参与学校组织的各项活动，与教师全方位沟通交流，更好地了解学校的教学目标、课程设置等，从而能够更加有效地协助学校教育。家校共育也有利于学校更加深入地了解家长的诉求，更全面地了解学生在家庭环境中的表现和需求，从而更好地辅助家长进行针对性教育。家校双方教育内容的互补能够进一步形成教育合力，实现家校共育同向，为学生提供更加全面、丰富的教育体验。

（三）实现教育效果的提升

在家校共育的实践中，学校与家庭的教育优势各异。家庭教育以其亲密性、生活性和个性化为特点，能够在日常生活中潜移默化地影响孩子，家庭教育在培养孩子的道德品格、行为习惯和情感素养方面具有得天独厚的优势。学校主动与家庭建立紧密的联系，通过家长会、家长学校等形式，向家长传授科学的教育方法，帮助家长提高家庭教育水平，引导家长充分发挥家庭教育的优势，通过家庭的温暖和关爱，引导孩子学会感恩、学会关爱他人，

形成健全的人格和积极的情感态度，实现家校共育同行，助力家校共育效果最大化。

二、当前高中家校共育存在的问题

（一）家校意识有差异

教师和家长由于教育经历和受教育程度不同，在教育责任、沟通方式等方面存在不同的看法和理解。一方面，一些家长可能认为学校应负主要教育责任，而自己在家庭教育方面只要提供支持即可，他们可能更关注孩子的学业成绩，忽视对孩子情感、态度、价值观等方面的培养。另一方面，一些教师可能认为家长在教育孩子方面也应承担更多责任，而不仅仅是关注孩子的日常生活。此外，家校双方在沟通方式上也存在差异。一些家长可能缺乏与教师主动沟通的意识，而教师也可能因为忙于教学和管理工作，忽视了与家长的深入交流。这种差异也可能导致双方在教育孩子时产生冲突。

（二）家校缺乏相互理解

部分家长和教师可能因为偶然事件，造成信任危机，导致信任感不足甚至互不信任，在双方配合方面存在嫌隙。家长可能抱怨学校的教育质量、教师的教学方法或对孩子的关注不够；而教师则可能认为家长不配合学校工作，对孩子的教育缺乏关注和支持。

（三）家校共育具有片面性

一是教育目标单一化。部分家长和学校在共育过程中过分强调学生的学习成绩，忽视学生全面发展的需求。这导致教育目标变得单一，只注重智育而忽视德育、体

育、美育和劳动教育。二是教育方法单一化。家校共育中，如果双方在教育方法上缺乏沟通和协调，就可能出现教育方法单一的问题，比如单纯的说教或者强制要求学生做。

三、高中开展家校共育的策略

孩子的德智体美劳全面发展需要家庭和学校共同去维护与引导，鉴于以上家校共育中存在的问题，2021级3班从以下几个方面着手解决，积极推动家校共育常态化、合理化、有效化，促进孩子的全面发展。

（一）共享信息，搭建家校共育平台

信息互通、真诚沟通是家校共育的基本前提。南京一中积极搭建家校沟通平台，打造沟通平台矩阵，全方位、全天候与家长保持沟通与联系，促进家校求同存异。

1. 建立家长QQ群

建立以班级为单位的家长QQ群，群有专职管理人员，多发布本班级一些常规信息，第一时间主动告知家长学校和班级的常规安排，同时为家长答疑解惑，让家长了解学校也了解孩子在校的基本情况，切实增强家校共育的意识。沟通渠道的建立实现了教育信息共享，促使家校双方更全面、更及时地了解学生的身心发展状况，从而为后续家校共育计划的实施提供有力支持。

以"落实一日常规"为例，2021级3班每周通过班级家长QQ群对学生本周在校学习、纪律、卫生等情况做一个总结性反馈，实现德育闭环。针对不能遵守校纪校规的学生，班级以解决此问题为契机，推动家校共育。首先，组织学生进行一对一沟通，了解基本情况并有针对性地提出解决方法。其次，积极和学生家长取得联系，详细描述学生在校表现，并通过家长了解学生在家的表现，与家长共商解决方案，明确彼此的责任，达成教育共识。

2. 开通班级媒体号

如开通南京一中2021级3班班级微信公众号、抖音号等，利用当下的媒介，以生动的文字和视频动画全方位展示班级昂扬向上的奋斗姿态，以及对学生多维度的温暖关爱，并在评论区与家长互动，为学生有温情的学校生活点赞，拉近家校距离，深入推动家校共育同心同向。

2021级3班家长轮流负责班级的微信公众号和抖音号，定期为班级制作推文和视频，引导家长深度参与班级管理，通过教师和家长的视角，发现和传播学生的美，在为班级美育共同奔赴中，有效促进家校交流沟通，促进家校共育有机融合，助力学生全面发展，实现家校共育协同。

3. 创新家长会模式

南京一中坚持全员导师制，坚持全员、全方位、全过程育人，定期以年级、班级为单位召开家长会，更有以学生为单位召开的"四方会谈"，为学生量身定制更具个性化、人性化的辅导方案。在家长会中增加家长分享和学生分享环节，邀请在家庭教育方面有独到经验或成功案例的家长进行分享，让其他家长能够从中获得启发与借鉴。同时，设置学生自我汇报环节，让学生有机会向家长和教师汇报自己在学习

过程中的收获、困惑，使家长更全面地了解孩子在校的真实状态。还在家长会中专设问题解答会，班级以一封信的形式把学生在校的情况写给家长，教师再根据家长最关心的问题，与家长真诚沟通，共商对策，切实增强家长的参与感、获得感、幸福感，加深家校情谊，促进家长、学校、教师、学生四方的真理解，实现真育人、育真人。

（二）共建资源，开发家校共育课程

理解是家校共育的必要条件，学校主动联系家长，实现家校资源开发利用最大化，在资源共建、开发家校共育课程中促进家校真理解，真正形成合力，形成真合力，助力家校共育效果最大化，促进学生全面发展。

1. 开发校本课程

充分调研学生所需，充分挖掘家长资源，家校携手开发校本课程，拓宽学生视野，同时在家校联合开发共育课程中，打通家校共育堵点和难点，为有效的家校共育夯实课程基础。

2021级3班家长分布在各行各业，这为做好学生职业生涯规划课程提供了先天条件，家长踊跃报名，结合孩子的兴趣爱好和所需，配合学校开发了丰富多彩的校本课程，如新材料新未来、人力资源管理等课程，在一次次为孩子打开新世界大门中，增强家校信任，深入推动家校共育同行。

2. 开设家长课堂

因为年龄、职业等多方面因素影响，家长和学生对新时代高校招生政策、途径及学校相关课程开设不甚了解，2021级3班在家长中邀请相关专业教师及知名大学招生办负责人，为家长和学生定期开讲，引导他们全方位了解当下多元化的升学路径。在此过程中，我们秉持真心，提供真情服务，在家长课堂中创造家校共育的契合点，寻找家校共育的融合点，促进家校共育同向奔赴。

（三）共商计划，策划家校共育活动

新时代急需德智体美劳全面发展的时代新人，为此，南京一中坚持贯彻党的教育方针，组织家校共育活动，促进家校目标一致性和全面性，落实立德树人根本任务。

1. 筹划迎新大集

为了更好地辞旧迎新，营造浓厚的节日喜庆氛围和满满的仪式感，每年的迎新大集，学校都主动邀请学生家长参加此项活动，家长和学生贡献创意，学校搭建场地，提供后勤服务，为家长和学生创造更多交流的机会，助力亲子关系的优化，进而为家校共育营造和谐的家庭氛围。

2021级3班的家长和教师积极贡献开市的创意，有的为摊位准备食材，有的积极联系商家打造摊位，有的为班级孩子准备神秘新年礼物……一声锣响中，全体师生和家长迎来了新年大集的开市。在学生与家长的共同劳动中，学生切身体会到劳动的价值所在，理解父母的不易，这也正是新年大集的要义所在。

2. 策划慈善行走

环明城墙慈善行走，更是一项极具挑战的集体活动，家校在共同规划路线中，

加深了彼此的沟通和交流，行走搭台，温情常在。从先期探路到后勤保障，家校联合的身影无处不在，孩子的无限潜力和坚忍无不让人感动。活动让家长深刻理解学校的教育主张，即让孩子在舒展的环境中成长、成全人。

3. 共筹成人仪式

南京一中以高三百日誓师大会为契机，同时举办学生成人仪式，既是为了给学生留下美好的青春瞬间，更是为了给学生的高考增添动力，家校再次携手，共商成人仪式。

2021级3班的家长和教师积极谋划本班成人仪式的各个环节，精确到家长和教师出场的时间和具体位置等。家校共育在教师给学生的热烈欢迎和衷心祝福中，在家长给孩子的一封封充满爱的信中具象化，让他们充分感受到浓浓的爱意和幸福，做一个能发现幸福更能创造幸福的人。

新时代，高中阶段积极推进家校共育意义深远。通过实现家校教育思想的交流融合、教育内容的相互补充以及教育效果的促进提升，家校双方能够紧密携手，凝聚成强大的教育合力，全方位地促进学生的全面发展。在实际的教学实践中，班主任应当深刻认识到家校共育的重要性，切实开展丰富多彩的家校共育活动，积极践行共享信息、共建资源、共商计划等有效策略，发挥协调育人优势，实现同心、同向、同行的家校共育，赋能新时代德才兼备、全面发展的时代新人的培育。

【作者简介】朱永严，男，江苏省南京市第一中学教师，一级教师。

参考文献

[1] 王春红 . "双减"背景下促进学生心理健康发展的家校共育策略探究 [J]. 新智慧，2023（34）：4—5.

[2] 王宾芳 . 基于家校共育推进小学安全教育的研究 [J]. 教育界，2023（31）：2—4.

[3] 赖世锵，谢慧婷 . 家校共育发展现状与对策 [J]. 中学教学参考，2022（36）：80—82.

[4] 褚中红 . 小学班级管理与家庭教育有效结合策略探究 [J]. 学苑教育，2023（32）：7—9.

（责任编辑：印亚静）

中小学校党组织领导的校长负责制背景下学校治理结构变革研究

◎ 江培英 / 北京市大兴区第二中学

摘　要 中小学校领导体制改革涉及根本，事关全局。在推进党组织领导的校长负责制进程中，学校治理结构变革的路径研究显得尤为重要。课题组从构建"一核多元"的治理结构、推进扁平化的年级主任负责制、实行主人翁的师生参与式管理和推行同心同向的协同育人四个方面进行了探索与实践，并取得了一定的成效。

关键词 党组织领导的校长负责制　治理结构　治理效能　办学活力

2022 年 1 月，中共中央办公厅印发了《关于建立中小学校党组织领导的校长负责制的意见（试行）》，明确提出建立中小学校党组织领导的校长负责制，这标志着中小学校领导体制改革正式启动。在新的领导体制下，党组织在学校治理结构中处于核心领导地位。本课题组从学校治理结构变革的视角，在如何坚持和加强党的全面领导，如何激活学校各治理主体的积极性和创造力，如何凝聚学校、家庭和社会的合力并激发办学活力等方面，做出了一系列的探索与实践，旨在将党组织领导的校长负责制这一制度优势转化为学校治理效能的提升，促进教育高质量发展。

一、构建"一核多元"的治理结构，突出党组织领导和多元治理的优势互补

加强党对教育工作的全面领导是办好教育的根本保证，建立中小学校党组织领导的校长负责制，是坚持为党育人、为国育才，保证党的教育方针和党中央决策部署在中小学校得到贯彻落实的必然要求和成功保证。

（一）修订学校章程，明确治理主体的职责权限

在中小学校党组织领导的校长负责制背景下，学校构建了以党组织委员会为核心，校长办公会、教职工代表大会、学术委员会、学生代表大会和家长委员会多元治理、民主共商的治理结构。由于决策机

构从校长办公会转移到党组织会议，学校章程中治理主体相应的职责权限也发生改变。

在"组织机构和党的建设"部分增加条目，明确党组织的全面领导地位、设置形式、职责权限、工作方式和党务工作机构、人员配备、经费保障等；重新规定党组织书记和校长职责权限，党务工作机构设置、经费保障等；重新规定党组织委员会和校长办公会的议事决策程序和规则，对议题提出、会议研究、集体决定、争议处置等环节做出明确规定。

学校构建以党组织为核心，校长、师生、专家和家长多元共治的治理结构，完善党组织的全面领导权、校长自主治校的行政执行权、专家治学的学术自治权、教职工民主管理权、学生自主参与权、家长社会民主监督权的良性运行机制，形成具有开放性、联动性、包容性的学校新生态。

因此，法定化六大治理主体的职责权限，是坚持和加强党的全面领导的必然要求。党组织委员会履行把方向、管大局、做决策、抓班子、带队伍和保落实的职责，实施全面领导；校长办公会履行落实党组织会议决策，并科学决策学校行政管理事项的职责；教职工代表大会依法参与民主管理、民主监督，审议与教职工切身利益相关的重大改革、重大事项；学术委员会评议、决策学术问题，指导建设教研平台与科研团队；学生代表大会享有与切身利益相关事项的部分决策权；家长委员会享有知情权、建议权和与学生切身利益相关事项的部分决策权。

（二）完善重大事项决策机制，突出党组织的领导地位

在党组织领导的校长负责制背景下，党组织会议讨论决定学校重大问题，校长不再是中小学治理的核心主体，校长办公会也不再决策重大事项，主要负责执行。

凡属重大问题都要按照集体领导、民主集中、个别酝酿、会议决定的原则，由党组织会议集体讨论做出决定。学校党组织书记主持党组织全面工作，负责组织党组织重要活动，督促检查党组织决议贯彻落实，督促党组织班子成员履行职责、发挥作用。重大决策事项按照流程，一般分为四步走：首先，党政领导班子成员提出动议，书记与校长沟通且无重大分歧后，启动决策程序。随后，校长办公会研究拟由党组织会议表决的重要事项方案，由校长个人决定。然后，党组织会议按照集体领导、民主集中、个别酝酿、会议决定的原则讨论决定。最后，校长办公会研究落实党组织决策具体措施，校长个人决定，负责执行。[1]

二、推进扁平化的年级主任负责制，提升党组织领导和学校治理效能

在新的领导体制下，党组织决定学校内部组织机构的设置及其负责人的人选。在治理结构变革中，党组织领导学校从最基层的年级组入手，实施年级主任负责制，通过理顺上下级之间、部门之间、部门内部关系，明确权责，提升学校治理效能。

（一）转变学校内部治理结构：从科层制管理走向扁平化治理

传统学校往往实行的是科层制管理。

科层制是德国社会学家马克斯·韦伯提出的，指社会组织内部职位分层、权力分等、分科设层、各司其职的组织结构形式及管理方式。在学校管理中，师生接受年级的领导，年级接受中层处室的领导，中层处室接受副校长的领导，副校长接受校长的领导。如此一来，师生和校长之间要经过三个层级的管理传导。管理层级过多，容易造成管理效能耗散，难以快速抵达教学一线。

现代学校推行的是扁平化的内部治理结构，它把原来的中层处室分流到研发部门和支持部门，承担着支持保障教育教学一线的功能，师生只需要接受一个层级，即中间管理者的领导，最大限度地提升了管理的效度。这样一来，副校长、学部主管和年级主任一同作为中间管理者，承接决策层和教育教学一线，治理重心下移，治理层级减少，治理渠道畅通，治理效度增强，治理效能明显提升。

（二）转变年级主任职能：从传声筒走向领导者

学校党组织选拔优秀的党员进入最基层的年级主任队伍，实施年级主任负责制，推进学校扁平化的内部治理结构变革。扁平化的年级主任负责制让年级职能发生了重大转变，从上传下达的传声筒转变为年级工作的领导者。年级主任既是年级工作的管理者，承担着管人、管事、管资源的职责，又是年级教育教学工作的组织者，对年级各学科的教学质量、学生活动全权负责。同时，年级主任还是年级师生成长的引领者，承担着教师队伍和学生队伍的建设工作和引领师生健康成长的责任。

（三）转变学校治理价值：从管理中心走向学生中心

落实党的教育方针，为党育人、为国育才，学校工作就要围绕学生成长，实现治理价值从管理中心走向学生中心。年级主任负责制正是本着"让听得见炮声的人去指挥打仗"的思想[2]，让离学生最近的年级主任参与决策，能有效保证决策最有利于学生成长，保证在教育及管理中能时时体现学生中心，营造"干部围着教师转、教师围着学生转、学生围着素质转、素质围着党的教育方针转"的健康教育生态。

三、实行主人翁的师生参与式管理，激发人人都是CEO的管理热情

管理就是发现每一个人可以伟大的地方，发现每一名师生的闪光点，并创造条件帮助其发扬光大。学校党组织要实现全面领导，就要全面激发干部、师生和家长的管理热情，尤其是让师生参与学校改革发展的具体管理事务，积极建言献策。

（一）构建倒金字塔管理模式，营造"人人都是决策参与者"的组织氛围

在传统学校管理中，从决策到执行，往往会形成一个正金字塔管理模式，校级领导做决策，中层干部去传达布置，广大教师去执行。

在现代学校管理中，为更好地激发师生的积极性和创造力，为学校带来长期的竞争优势，在从决策到执行时，往往会构建一个倒金字塔管理模式。在学校发展中遇到问题时，要调动在问题现场的一线师

生一起想办法，拿出解决办法，选出最优方案，然后去执行。而校级领导和中层干部承担着支持和服务的职责，有力保障决策的实施。

倒金字塔管理模式的本质是激励赋能，把人的因素放到中心位置，让校园里每一个人都成为领导者，激活教师和学生积极性，激发学校发展内生力。

（二）倾听并采纳教师意见，激发起人人都是 CEO 的管理热情

对教师最大的尊重莫过于倾听并采纳其建设性意见。通过让教师参与其中，激发每一个人的主动性、积极性和创造性。学校通过四大途径逐层深入，引导教师积极投身学校建设与发展。

一是定期定向组织问卷调查。定期组织学校管理部门工作满意度测评、干部工作满意度测评，及时了解教师对管理和服务的需求和期待，寻求管理改进的方向，将可能出现的矛盾消灭在萌芽状态。

二是召开专题听需座谈会。针对办公环境、青年教师成长、教师专业发展、餐饮质量等关系民生的事项，采取专题座谈的形式，主动听取并真诚采纳教师的意见与建议。

三是开展一对一的谈心谈话与文字交流。全员全覆盖式面对面的谈心谈话，给予了教师最大的尊重和最充分的表达机会，做好情感沟通和爱心传递，在学校重大事项或关注度极高的事项上，提前做好充分交流与沟通，吸纳教师参与其中，达成共识；在教师生日时，学校领导手写贺卡，传递情谊，架起情感交互的桥梁。

四是定期开设深层次对话论坛。定期召开青年教师沙龙和班主任工作坊，就学校重大改革和发展进行专题式研讨，让学校的变革都有教师的参与和智慧。

（三）成立学代会、少代会，搭建学生参与学校管理的平台

教育是一个互动的过程，如果不能让受教育的一方真正进入角色，没有他们自己的体验、感悟和内化，教育里就没有成长。因此要给学生提供进入社会前去体验、去参与管理事务的机会，在学校事务尤其是涉及切身利益的事项中，引导学生建言献策、积极参与。

学校通过学生代表大会和少先队代表大会等学生自治组织，开辟学生参与学校事务的渠道。中学学生代表大会的主题为"对校园文化建言"，小学少先队代表大会的主题为"给校长的一封信"，向学生征集提案，有关部门和学生代表就提案的合理性和可行性进行专门研讨，对于类似在中心花园安装秋千椅、增加体育器材、铺设足球场、在小溪边种植花草等好的提案和建议及时采纳，并以最快速度列入当年工作任务。通过调动学生参与学校建设的积极性，充分激发了学生主人翁意识和以校为家的爱校热情。

四、推行同心同向的协同育人，党组织领导各方力量营造良好教育生态

学校着力构建党组织领导、校长负责、全体师生参与、家校社协同的全方位育人体系。党组织在学校治理中，凝聚教育价值共识，领导协调各方力量，加强顶层设计，建

立健全制度体系，明确各方育人职责，完善协同育人机制，营造良好教育生态。

（一）完善家校协同育人机制，发挥学校在家校共育中的主导作用

卢梭说："人的教育在他出生的时候就开始了，在能够说话和听别人说话以前，他就已经受到教育了。"家庭是人生的第一所学校，父母是孩子最好的老师，孩子的早期教育是从家庭开始的，好的教养方式和家庭风气直接影响孩子的一生。

学校成立家长学校，吸纳有专长的本校教师、家长代表和外聘专业的家庭教育指导师，组成家长学校的师资队伍。结合学校实际需要，设置系列课程引导家长科学育儿。倡导科学教育观念，转变家长育儿理念，树立良好家风，压实家庭教育主体责任，提高家庭教育水平。

引导家庭教育做到"三个回归本位"：首先，家庭教育要回归育人本位，要树立育人第一、健康第一和人格第一的思想，引导家长走出攀比思维，走出分数思维，走出抢跑思维，走出过度学习。其次，家庭教育要回归家庭本位，家庭的本位就是要创设爱的家庭、道德的家庭、安全的家庭、爱学习的家庭、自由民主的家庭。最后，家庭教育要回归生活本位，大力倡导家庭教育要涵盖劳动生活、阅读生活、体育生活、自然探索生活和社会实践生活。

（二）建立家校联席会议机制，引导家长正向参与学校建设与发展

教育学首先是关系学，良好的家校关系是凝聚家校合力的前提。学校党组织引领建立家校联席会议机制，架设家校沟通的桥梁，学校鼓励家长站在支持帮助学校工作的立场，积极正向参与学校建设与发展，形成家校育人合力。

建立家校联席会议机制，具体沟通商议家长在家校共育中的知情权、评议权、参与权和监督权的权限范围和具体实施。学校重大改革发展、教育教学成效、与学生密切相关的项目，尤其是涉及学生自费参与的项目等，都要保证家长的知情权。家长对学校尤其是家校沟通、育人成果等方面享有评议权。家长的参与权适用的范围、参与的程度，需要学校的引导。在校服的设计上，学校在学生中海选校服款式，邀请设计公司和学生一起设计学生喜爱的校服，再邀请家长与师生一起参与遴选，这样选出的校服既有学生的设计灵感，也有家长的把关。家长往往对学生在校饮食营养和卫生不太放心，我们通过各班家长推荐，组建膳食委员会，随时监督食堂。委员采取不提前通知、不定期的方式参与学校食堂的督查，主要督查食堂的食品采买货源、渠道、存储管理、操作间的卫生及营养餐的营养搭配等。学校将家长的热情参与和努力变为学校变革的动力，充分发挥家长参与学校治理的正向作用，有效形成共育合力。

（三）建立社会资源集聚共享机制，激发学校办学活力

学校党组织发挥组织领导作用，协调周边社区推进文化、体育、科技等各类社会资源开放共享，以保障充分利用社会育人资源。学校要主动挖掘社区和社会组织力量，助力学校建设。

学校充分利用社会的教育评价，促进学校建设与发展，进一步激发学校办学活力，实现教育质量的提升。市、区级教育综合督导以及第三方专业评估机构通过问卷、座谈等形式，评估学生对校园生活体验度、家长对学校满意度、教师对学校认同度、社会对区域教育感知度和对教育共建协作度等。同时，学校积极开展自我评估，通过学校管理调查问卷、部门满意度测评和教师课堂教学诊断等，自我评估、自我诊断，促进自我提升。

在党组织的领导下，学校稳步推进治理结构变革，年级负责制、家校社协同的实施，使师生由被管理者转变为学校治理主体，主人翁意识大大提高。通过分权赋能，教师整体活力被激发，专业发展激情被点燃；学生的意见建议得到尊重，合理化建议被采纳，学生对校园生活呈现出关心与热爱，自主性、创造性大大提升；家长和社区由旁观者、审视者转变为学校治理主体，家长、社会对学校的正向评价、正向激励正在凝聚，学校教学质量大幅提升，综合育人能力大大增强。[本文系北京市教育科学"十四五"规划2022年度一般课题"教育现代化视域下学校治理体系变革研究"（编号：CCDB22425）的阶段性研究成果。]

【作者简介】江培英，女，北京市大兴区第二中学党委副书记、校长，正高级教师，高级校长。

参考文献

[1] 强舸，徐正全."中小学校党组织领导的校长负责制"的变迁历程、治理结构与新时代的现实关切[J].公共治理研究，2022，34（5）：42—49，74.

[2] 江培英.教育现代化视域下学校治理效能提升——以国家教育行政学院附属实验学校为例[J].中小学校长，2022（3）：28—32.

基于生态教育观的育人体系构建

——以新沂市第一中学德文化为例

◎ 姚 松 / 江苏省新沂市第一中学

摘 要 德文化作为中华优秀传统文化的核心，与生态教育观在精神内涵上有深层次的融通之处，新沂一中基于生态教育观，将传统思想精华融入教育改革和探索，构建德文化育人体系，是践行生态教育观中国方案的尝试，体现了中华优秀传统文化在当代的话语自信，对落实立德树人根本任务、推进教育领域深层次改革有积极意义。

关键词 立德树人 生态教育观 德文化 学校文化

"生态教育学"（Ecopedagogy）一词于20世纪末开始出现于英语学界环境教育、环境思想等学术领域，其字面意思为"生态学观点的教育学""生态学视野的教育学"。生态教育观的基础在于生态世界观，生态世界观的核心内涵是"世界上万事万物都是互动且相依的"，强调整体性、自然性、系统性、开放性和能动性。作为中华优秀传统文化核心的德文化，其内在精髓也在于整体关联和动态平衡。新沂市第一中学（以下简称"新沂一中"）秉承德文化理念引领，充分挖掘德文化和生态教育观精神内涵的融通点，构建了"一圈三线五模块"的校本化生态育人体系，践行生态教育观。"一圈"，即构建自然、和谐、开放、多元、民主和可持续发展的学校教育生态圈。"三线"，即以"蓄德"文化理念明知，彰显价值引领；以"明德"课程体系笃行，激活教育生态；以"融德"理念成人，追求卓越。"五模块"，即建设系统化、自主化的生态管理，打造雅致化、开放式的生态场域，培育动态化、共生性的生态文化理念，构建生长型、灵动性的生态课堂，探索多元化、综合性生态教育课程体系。

一、生态哲学及其价值取向

德国博物学家海克尔于1866年提出生态学的概念，并指出生态学是研究生物在其生活过程中与环境的关系，尤指动物有机体与其他动植物之间的互惠或敌对关系。[1]生态哲学是从哲学的角度探讨人与自然的关系，反思人类对自然的态度、行为和价值观，旨在构建一种人与自然和谐共处的伦理和思想体系。生态哲学的核心特征包括反对人类中心主义、强调生态伦理、倡导可持续发展、关注生态正义。其宗旨与中华德文化蕴含的哲学观一致，即以一种道德的态度促进人与自然的和谐共处。"天地之大德曰生"，中国古代"尊重生命，仁爱万物"的生态价值思想源远流长。董仲舒的"何为本？曰：天地人，万物之本也。天生之，地养之，人成之……"，把人与自然的关系提升到天人合一下的人与自然伦理道德问题。人的价值依附于自然生态系统的价值，"人能弘道，非道弘人"，能"参天地之化育"，融入天地生态系统，达到悟道具德的境界。"观天之道，执天之行"也是新时代中国式现代化的哲学命题。《国家教育事业发展"十三五"规划》提出"强化生态文明教育，将生态文明理念融入教育全过程，鼓励学校开发生态文明相关课程"。党的十八大以来，习近平生态文明思想形成并不断完善，成为中国式现代化道路的中国方案、中国理念，开辟了人类可持续发展理论和实践的新境界。生态教育观的践行既承担着生态文明建设的使命担当，又是解决现阶段教育"内卷"、机械化、功利化等现实问题的积极探索，是实现育人从"物的开发"向"心的开发"转换的必然路径。

二、生态教育观与德文化的内涵

"中华德文化是中华民族在形成发展的漫长历史长河中，对自己民族成员在处理人与人的关系、人与自然的关系、人与社会的关系、人与自己的关系所需德性培养教化中形成的理论观念、道德规范、伦理理念制度、养成的路径和行为的总称。"[2]"德"与

"生"在中国传统哲学思想中一脉相承。"故通于天地者，德也；行于万物者，道也；上治人者，事也；能有所艺者，技也。技兼于事，事兼于义，义兼于德，德兼于道，道兼于天。"（《庄子·天地》）"天地之大德曰生"，"德"与"生"血脉相通。"德"与"生"也是新时代社会主义核心价值观的内在要求。习近平总书记指出，核心价值观，其实就是一种德，既是个人的德，也是一种大德，就是国家的德、社会的德。国无德不兴，人无德不立。育人须先立德，"太上有立德，其次有立功，其次有立言"。

践行生态教育观在于构建整体系统、动态平衡、平等和谐的育人平台。有学者指出："我们需要一场深刻的思想革命，促使教育界反思当下过度强调人作为社会人的单一性，或者过分强调人作为社会人的片面性，让社会人成为生态人。"[3]生态教育观强调普遍联系、系统整体、动态平衡以及和谐共生的基本原则，基本理念包括：开放合作，构建动态系统化场域；尊重差异，培养完善独立性人格；遵循规律，营造平等和谐式关系。实践路径是将学校环境、管理方式、课程建设、课堂教学方式等要素纳入独特生态系统，以生态世界观视角观察和解决教育现象和问题，通过构建生态场域、生态课堂范式、生态管理和生态课程，激活师生潜能，促进师生发展，培养健全人格，为幸福生活奠基。

三、基于生态教育观的德文化构建路径

（一）打造雅致、开放的校园生态场域

校园是育人的环境载体，是隐形的课程资源。"学校生态环境是人工环境，即使

是学校中的物理环境，也与天然形成的自然环境有着本质的差别，它是人们劳动与创造的结果，除了实用的价值以外，同时也体现着人们的教育观念和审美意识，被赋予许多教育意义。"[4]联合国教科文组织国际教育发展委员会编著的《学会生存：教育世界的今天和明天》一书指出，协调人与自然的关系、提倡绿色文明的一个重要的原则是改变人们的态度和行为方式，使他们建立起尊重自然、敬畏生命、减少浪费、保护生物圈的新的发展观、价值观和自然观。所以要打造生态校园，做优生态校园文化，让生态文化浸染校园，让生态文化沁润生命，创设高品质校园生活，应使受教育者感受到个性成长的需要和心灵成长的力量。

杜威说："学校环境的职责，在于尽力排除现存环境中的丑陋现象，以免影响儿童的心理习惯。"[5]新沂一中利用区位优势，重点建设生态校园环境，建有月季园、牡丹园、芍药园、菊园、绣球园等十几个花果园，种植各类植物包括中药材200余种；邀请专家以德文化融入校园主题建设景观，借石引路，构建"蓄德"主题文化引领，打造以石点睛的新沂一中石文化主题园林；启动乡土物种保护计划，建设乡土物种保护基地；创建海绵城市教育示范基地项目，该项目荣获省优质项目一等奖；建设校园自动气象站，践行常态化人工智能升级。学校营造了浓郁的生态教育的环境氛围，实现"生态即教育，校园即育人"。正如苏霍姆林斯基对帕夫雷什中学校园环境的描述："孩子跨进校门所看到的一切，所接触的一切都是美的。"

（二）构建系统、自主的生态管理模式

"只有教育者关注人的生存境遇与'此在'特性，拥有对人的深切关怀、对人的成长的独立沉思，学校教育才会为人着想，进而拥有成就人的教育自觉性，主动走到从'制器'到'育人'的健康之路上来。"[6]传统学校管理强调的是职能，生态管理模式下突出的则是关系，建构服务型管理生态场。生态场追求的是各类关系的自然平衡和动态生长，体现的是你中有我、我中有你的万物共生的关系。

新沂一中坚持学校是培养人的场所，是师生交往的场所，尽力让学校成为师生共生的家园。在德育上，坚持从"制器"到"育人"转变，将全员育人、全过程育人、全方位育人明晰化、制度化。积极开发课程建设，打造三个年级特色生态德育课程序列，培育学生"学习自主、行为自律、生活自理"的良好习惯，培养学生敢于担当的责任意识和顽强拼搏精神。健全评价体系，对学生成长过程进行全方位、多元化、跟踪式的评价。在教师成长上，培育教师"孵化"的成长机制。加强生态教育师资队伍建设，建设复合型教师队伍。以培养"四有"教师为目标，完善教师发展性评价制度，多维度为青年教师提供发展平台，激发"向上生长"愿望，形成积极进取的能量场。

（三）构建生长、灵动的生态课堂范式

"生态课堂是指运用生态学的思想来审视课堂教学，它是以教育生态学的基本理论为基点，以促进学生可持续发展为目标，以'以人为本'为根本原则的理想状态的人

本课堂，在充满人文关怀的环境中与和谐融洽的人际关系中，使师生知识得到增长的同时，其生命价值也得到彰显。其核心内容是教师和学生在和谐的生态环境中相互影响，相互促进，建立心灵上的沟通，产生思维上的碰撞，从而达到和谐共生。"[7]以人为本、让教堂成为学堂是生态课堂的内在特征。

新沂一中以课堂教学范式改革转换师生角色，激活内驱；以现代科技植入，实施灵动多元的教学方式，实现开放和高效。一是深入推进"五学"课堂教学范式改革，着力落实学生学习主体地位，激发学习动力，让学生想学、能学、会学、学会，打造师生教学共同体，推进课堂从教堂成为学堂，教师从传授者转变为倾听者、研究者、创造者，实现学生自主学习能力和综合素养的提升。二是引进人工智能融入课堂教学，学校围绕数字校园、智慧管理、智慧教学、智慧评价、信息服务等五方面建设，为广大师生提供全面的智能感知环境与基于具体应用的个性化定制服务平台，提升教育管理水平与教学质量。

（四）打造多元、综合的生态课程体系

人是教育的产物，课程是育人载体，生态课程体系的建构是践行生态教育观的基础平台。工业文明社会教育的目标是培养社会经济型人才；生态文明社会教育的目标必然是培养生态公民，即为社会输送"生态人"。

新沂一中依据德文化内核，在"以人为本，立德为先；和融共进，全面发展"办学理念下，砥砺"行生态理念观，育博采有长人"。学校建构了"两翼三驱"的综合生态课程体系。"两翼"即文理比翼齐飞的学

科课程体系，分别是依托STEM项目学习中心培养学生科学精神、创新能力的理科课程体系，依托双语阅读中心学科基地致力于培育学生人文素养的文科课程体系；"三驱"即落实立德树人根本任务、融合"五育"并举的德育课程体系、艺体素养课程体系和生涯规划课程体系。珍惜生命的唯一性，践行生命教育；维护生命的独特性，将尊重自我与善待他人融合，共同成长，美美与共；发掘生命的成长性，多元搭台，坚持开放、包容、面向未来，为每一个个体潜力的发掘提供无限的可能和成长平台；强化生命的自主性，让学生乐于自学，严于自律，勇于自省，成于自强，在对自我不断超越中体验到生命的意义和力量，获得精神的丰富和完整性生命的生长。

（五）培育动态、共生的"德""生"文化理念

"校园文化是一所学校独特的风格或整体精神，是学校成员之间相互理解的产物，是联系和协调学校所有成员行为的纽带，是学校灵魂之所在。"德文化视域下的生态教育理念，强调遵循生命的特性和成长规律，关怀学生生命的尊严、价值。把"学生"拆开来看，"学"意味着学习，"生"意味着生存、生活、生命和共生。生命存在是生活的基点，而生命的实现则是生活的归宿。生态教育是要回归初心，在有止境的"生"和无止境的"学"中，升华对生命的认识，实现生命的价值。德文化视域下的生态教育被赋予了价值追求正向引领的前提："正三观、立四德"。"正三观"即端正世界观、人生观和价值观；"立四德"即树立社会公德、职

业道德、家庭美德和个人美德。

新沂一中立足师生"生长"需求，融通德文化理念和生态教育观，逐步沉淀成"一圈三线五模块"的校本化生态教育育人体系，从传统文化溯源，探寻考量个体"德"与"生"的成长标准，以臻"夫大人者，与天地合其德，与日月合其明，与四时合其序"的价值追求。引导学生超越自我、尊重自然、关注社会、关爱他人，不唯成才，把落脚点放在"自然人—社会人—生态人"的成长蜕变上。学校核心理念"蓄德"语出《易经》的"君子多识前言往行，以畜其德"。以"蓄德"理念为基，以"明德"彰明躬体力行的德性规范，以"融德"践行融德正心、融通知识、融汇思考、融合情感、融入社会，实现和融为人、天人合融的"生态人"价值追求。

培根铸魂是新时代教育领域重大课题。"'根'就是数千年以来生生不已、绵延发展的'明德'，它是中华民族最深沉的道德追求和精神标识；'魂'则是正在引领中国走向伟大复兴的社会主义核心价值观，它是当代中国文化的鲜活灵魂和不竭动力。"[8]践行生态教育观是学校主动适应时代变化，回归教育主旨——以人为本和可持续发展。未来，新沂一中将持续深化探索，完善德文化视域下生态教育课程体系、生态文化体系和评价体系，借文化这条凝聚着厚重历史与人文底蕴的缆绳，把生生不息的活力注入学校未来发展的长河，为新时代人才培养潜力蓄能。

【作者简介】姚松，男，江苏省新沂市第一中学党委书记、校长，正高级教师，江苏省特级教师，江苏师范大学研究生校外导师，教育部第十期长三角名校长培训班学员，第二期江苏省教育家型校长创新培育计划高级研修班学员。先后获评江苏省教育系统优秀共产党员，徐州市优秀教育工作者，徐州市首批领军名师。

参考文献

[1] 包庆德，刘桂英.开启生态时代：从生态学到生态哲学[J].内蒙古社会科学（汉文版），2002（2）：54—58.

[2] 龙献忠，李红革.中华德文化的现代践行研究[M].北京：光明日报出版社，2020.

[3] 孟阿丽，柳友荣.习近平生态文明思想对教育理念更新的深层影响[J].学术界，2022（1）：193—201.

[4] 范国睿.教育生态学[M].北京：人民教育出版社，2019.

[5] 杜威.民主主义与教育[M].王承绪，译.北京：人民教育出版社，2001.

[6] 陈东永，李红鸣，郭子其.学校文化生态教育的整体育人实践研究——以成都树德中学的"卓越人生"教育为例[J].中国教育学刊，2018（3）：96—101.

[7] 文晶晶.中学生态课堂教学研究[D].长沙：湖南农业大学，2016.

[8] 江畅.明德与社会主义核心价值观[N].光明日报，2019-04-22（15）.

自媒体时代幼儿园教师角色的重构与专业发展路径

◎ 王　玲／江苏省苏州市太仓市实验幼教中心

摘　要 本文旨在探讨自媒体时代幼儿园教师角色的变化与挑战，并提出相应的对策。社交媒体对幼儿园教师群体产生了显著影响，导致"表演式"教学、"快餐式"传播和"包装式"焦点现象的出现，通过分析这种形象改变背后的深层原因，结合个体视角下对幼儿园教师角色的深入思考，本文提出了具体的应对策略，有助于幼儿园教师在自媒体时代厘清角色定位，回归"本我"，在更好地履行教育使命的过程中，提供高质量的幼儿教育。

关键词 自媒体时代　幼儿园教师　角色重塑　专业发展

在数字化浪潮席卷之下，自媒体已成为人们日常生活与工作的重要组成部分，它不仅改变了传统信息传播方式，更深刻影响了各行业人士的角色认知。幼儿园教师作为幼儿教育的关键人，其角色定位在自媒体影响下逐步呈现出"教学表演者""碎片传播者""完美追求者"的特点。这不仅影响了教学质量，也扭曲了公众对幼儿园教师角色的认知。因此，本文旨在通过分析自媒体时代幼儿园教师角色的变化，提出相应对策，以期帮助幼儿园教师厘清角色定位，回归教育本真。

一、自媒体内容传播对幼儿园教师角色定位的影响

（一）教学表演者：流量下的"表演式"输出

自媒体时代是流量的时代，社会成员普遍存在着盲目追求流量的倾向。这种"流量思维"导致一些幼儿园教师的角色逐渐由"教学设计者"变为"教学表演者"。

"表征"很火，于是教师狂热地要求幼儿在各个环节进行表征，然后拍照、摄像，以展示幼儿的思维过程；撰写课程故事有流量，于是教师加班加点撰写课程故事，参加各类比赛，以此来体现课程研究成果。

实际上，鼓励幼儿绘画表征、撰写课程故事本身没有问题，它们都是促进幼儿发展、提升教师教学质量的有效手段。问题在于教师常常在没有充分理解表征、没有切实理解生成课程中教师的支持策略的情况下被要求这样做，仿佛不这样做就无法对幼儿进行有效支持和教学。在教师尚未掌握底层理论和方法的情况下，这样做的结果是教师对流量高的"作品"盲目模仿，教学方法、输出内容高度同质化。"表征墙"火了，走到哪里都是高度相似的表征墙；"竹篮打水"的案例火了，很快就出现了十几个"竹篮打水"的案例。而"表征是如何促进幼儿思维发展的""有哪些不同的表征形式""优秀案例背后体现了哪些儿童观、教育观""当我发现我班幼儿的兴趣点时，我应如何去践行这些儿童观、教育观"等问题却鲜少被思考。

在制作视频时，由于追求流量，教师的关注点也容易由"幼儿的当前发展水平和最近发展区是什么"转移到"如何用手机捕捉幼儿的精彩瞬间"上；思考方向由"应该提出怎样的关键性问题"变为"怎样让他人感觉到幼儿学到了东西"。

在"流量思维"主导下，教师本应体现的专业精神和教育使命感受到了影响。教师为了迎合行业内流量进行"表演式"教学，更有甚者，教师将表演的观看对象由业内人士扩大到公众，从传统的育人者转变为娱乐内容的创造者。这种转变不仅影响了教师自身的职业认同，使教师在事业发展上容易走入误区，产生依赖娱乐化教学的倾向，还影响了幼儿对学习和教师的认知——在这样的教学环境下，幼儿更多地将学习视为一种娱乐活动，而非一个涉及认真思考和深入探索的过程。同时，这也极大地削弱了公众对教师职业形象的认同。

（二）碎片传播者：短视频中的"快餐式"传播

在自媒体社交平台上，用户的关注焦点通常聚焦于短暂、直观的内容。在这种快速消费文化潮流的影响下，部分幼儿园教师在设计教学资源时，也倾向于创作时长较短、信息量有限、易于理解与传播的视频内容。"快餐式"传播的好处是利于传播，能将信息传递给更多的人，但其另一个显著特性是内容的碎片化。绝大多数泛娱乐类短视频仅关注感官上的刺激，未能通过娱乐引发人们的深度思考。[1]这种传播方式使得教师的角色容易从"教育引领者"向"碎片传播者"转变。

以知识类家园沟通为例，和传统的家长会、一对一沟通的方式相比，碎片化的短视频的确更容易引起家长的兴趣，从而获得更广泛的传播，但其弊端是传播的内容往往缺乏知识框架，只提供事实和结果，难以分析逻辑和原因，这就导致家长在解读视频时容易断章取义，从而产生认知偏差，最后可能出现和预想完全相反的教育行为。比如视频中说"'去小学化'不是不让孩子认字"，就有部分家长留言"所以还是要提前教""老师给孩子布置作业吧"，这和录制视频的初衷南辕北辙。

同时，长期从事碎片化和娱乐化视频的制作，也可能导致教师产生思维惰性，不愿意花时间对教育教学进行系统思考和研究，从而导致教师在教育理念和方法上产生偏离，影响自身的职业发展。

（三）完美追求者：精致图文下的"包装式"美化

在追求平台流量和受众关注的过程中，自媒体内容中的短视频和图文呈现出追求精致、过度美化的特点。部分幼儿教师受其影响，在记录教育过程，捕捉幼儿生活、游戏与学习活动的过程中，也开始对拍摄素材进行过度包装和美化。幼儿教师由"真实记录者"逐渐演变成"完美追求者"。

在观察评价工作方面，本园一直在探索用图片和视频作为记录幼儿行为的方式。在探索初期，教师的记录内容主要聚焦幼儿的自然状态，记录幼儿真实的失败或成功经历。随着自媒体内容的愈发盛行，教师开始过度注重图片和视频的视觉效果，他们不仅会对拍摄环境进行精心的布置，还会使用各种滤镜和特效来美化图片、视频画面。这种变化使得原本朴实、真实的记录失去了原有的意义。我们也要认识到，教育现场的真实情况、真实的幼儿，本身就是一种美。这种美不是通过修图或者表面包装能够呈现出来的，而是通过真实的教育过程，通过教师的专业素养和教育热情，通过幼儿的天真无邪和求知欲望，自然流露出来的。这种美是我们不能忽视的，也是我们应该珍视的。

皮亚杰的认知发展理论指出，儿童在3—6岁处于前运算阶段的早期，这个时期他们的思考主要是直观的，并且容易受到直观刺激的影响。在这一阶段，儿童对外界信息的处理能力尚未完全成熟，因此他们更容易受到外界因素的影响。所以，当教师频繁出现过度关注外在包装的行为表现时，幼儿会模仿教师的外在行为和风格，而非关注学习内容本身。长此以往，幼儿可能会形成一种错误的价值观，即外在形象和即时的关注度比内在素质和长期的学习更为重要。

二、个体视角下的幼儿园教师角色分析

（一）理性经济人：正视幼儿教师的权利

受众心中的幼儿教师形象主要来源于教师在工作中所呈现的形象表征。[2] 在社会认知中，幼儿园教师的教育属性与道德属性很强。但同时，在个体视角下，幼儿园教师的角色并不仅仅局限于教育者。在现代社会中，他们同样也是追求个人职业发展和经济稳定的普通人。如果漠视乃至批判幼儿园教师的"经济人"形象，教师的工资、福利、权利等问题无人声张，随之带来的将是幼儿园师资队伍的整体性下滑，最终影响的是我国学前教育质量与儿童发展水平。[3]

幼儿园教师在追求职业满足和个人利益的同时，也肩负着教育下一代的责任。他们在做出职业选择时，不仅要考虑对教育事业的热情和投入，也要考虑到个人生活的质量和经济保障。这种双重角色的扮演，使得幼儿园教师形象更加立体，体现了他们在现实生活中面临的多重需求和挑战。

（二）多面社会人：尊重幼儿教师的生活

在自媒体时代，幼儿园教师的职责不再仅限于传统的教育者角色，而是在多重社会

角色之间进行平衡。这种多重角色的挑战反映了新媒体环境下教师身份的复杂性。

随着社交媒体的兴起，幼儿园教师的角色已经超越了教育工作者的范畴，他们也是内容创作者、社交媒体影响者，甚至是公众人物。作为社会角色丛的一部分，幼儿园教师的形象不再是封闭于教室的教育者，而是社会的积极参与者。他们在社区中可能是领导者或志愿者，在家庭中是家长或配偶，在社交媒体上是分享者或倡导者。这些多重角色展现了幼儿园教师在教育以外领域的影响力和参与度。

幼儿园教师通过各种角色展现自己的专业知识、生活态度和社会责任感，进而在不同领域中影响和启发他人。这种多元角色的扮演不仅丰富了幼儿园教师的个人生活，也彰显了他们在社会中的多方面价值。

三、自媒体时代幼儿园教师角色的重塑

要解决自媒体时代下教师角色转变的问题，就需要平衡好幼儿教师的教育角色与个人角色间的关系。

（一）摒弃表演教学，恢复教育本真

在数字化时代背景下，诸如自媒体等新兴媒体平台向教育工作者提供了更为广阔的发声渠道，从而使得教师形象的展现拥有了新的可能性。

一方面，教师得以借助这些平台广泛传播教育理念，通过运用丰富多样的语言符号，以更加丰富的表达形式，展示教育工作者的文化素养。此外，他们还能够突破行业界限，与其他领域的内容创作者展开跨界合作，进而使教师形象在公众心中更加生动且全面。

另一方面，新媒体环境亦为教师带来了职业角色的变迁挑战。部分教师为了适应平台的运作逻辑，可能会采取娱乐化的表达方式，这种做法不可避免地会模糊教育者所应具备的严谨性。因此，教师在新媒体环境中须谨慎处理开拓性与稳重性的关系，在丰富表达的同时，不可忘记教育者的本色，应当体现出教育者的特质。

具体而言，教师可利用平台工具进行教学方法的改进等有益的尝试，传播高品质的教育内容。同时，教师也应当避免过度简化教学内容以迎合受众的口味，坚持教学的严肃性与严谨性。

（二）消除知识快餐，彰显教育内涵

在面对自媒体时代所呈现的"快餐式"教育传播趋势之际，幼儿园教师须在传统与革新的交织中，寻求其角色定位的平衡。作为教育者，教师群体应继承并弘扬优秀教育家的传统，坚守教学过程的严谨性与系统性；在规划教学内容及进程时，应构筑完整的知识体系，强调培养幼儿的深度思考能力以及批判性思维，避免内容碎片化和过度娱乐化。

此外，教师可积极吸纳新媒体的有利元素，运用多样化的教学资源，设计出富有变化的学习路径，以激发幼儿主动学习的热情和探索精神。然而，采纳新方法必须植根于教育的本质之中。在角色的转变过程中，教师或许会遇到困惑，此时通过专业交流获取支持十分必要。

作为幼儿教育工作者，在保持教育专业匠心的同时，还要学习灵活利用新媒体，

树立内涵型教师的形象，从而推动素质教育的发展。此举不仅有助于提升教师自身的社会形象，也将促进教育家群体的整体发展。

具体而言，教师可通过记录工作细节、上传课堂实录等方式，丰富其外在形象；同时，通过建立专业学习社区、定期进行交流活动等措施，实现内在素养的提升。只有内外兼修、持续努力，幼儿园教师方能在数字化浪潮中确立自身定位，发挥教育家的独特作用，为社会培育未来的栋梁之才。

（三）突破外在包装，提升全面素养

在自媒体时代，幼儿园教师面临的另一项挑战是超越社交媒体对外在包装的过度强调，提升自身的全面素质，以塑造一个更为丰满与卓越的教师形象。面对数字化浪潮的冲击，构建专业化的教师形象对幼儿园教师群体而言，是不可或缺的选择。

教师须从自身出发，持之以恒地学习教育理论，不断磨砺专业技能，坚持全心投入，追求精益求精。在社交平台上，教师可有选择性地上传真实的教学实况，如课堂精彩片段或各类育人活动画面，不仅展示实际工作场景，也有助于塑造立体形象。

教师还须关注每个幼儿的特点与需求，运用恰当的方法促进其全面发展，并配合家长开展有针对性的育人交流，展现人文关怀品质。通过专业交流、同行评议等途径，形成学习共同体，实现持续进步与发展。

幼儿园教师群体唯有在内涵建设与外在展示两方面着力，方能在数字环境的强烈冲击下重塑开明专业的教师形象，有力推进素质教育，更好地完成教化培养的神圣使命。此乃教育家群体在新时代立足的必然选择，也将有力促进教师职业地位的进一步提升。

展望未来，幼儿园教师应坚守教育初心，以专业精神和教育使命感为导向，充分利用自媒体平台的优势，创新教学方法，提升教育质量。同时，社会各界也应给予幼儿园教师更多的理解和支持，共同营造一个良好的教育生态。只有这样，我们才能培养出更多具备独立思考和深入探索能力的幼儿，为社会的发展奠定坚实的基础。

【作者简介】王玲，女，江苏省苏州市太仓市实验幼教中心教师，一级教师。

参考文献

[1] 奚翠梅，王宏昌.新媒体时代短视频传播对大学生价值观的影响及对策 [J].传媒论坛，2024，7（2）：117—120.

[2] 张秦.媒体视角下的幼儿教师形象研究 [D].西安：陕西师范大学，2019.

[3] 刘静，王海英，闵慧祖，等.幼儿园教师形象认同的理路、困境与超越 [J].早期教育，2023（47）：22—27.

"活"化成长阻滞

——新入职教师培养的问题诊断与疏畅机制

◎ 李　进／江苏省常熟市第一中学

摘　要　当下，学校管理普遍存在新入职教师成长受阻的情况。本文从教师自身及学校管理两个维度剖析了新入职教师成长阻滞的成因，探究了新入职教师培养的疏畅机制，提出了培养过程应着眼于"活"，由此改善新入职教师培养现状，促进教育事业的进步。

关键词　新入职教师　成长阻滞　问题诊断　疏畅机制

"教师是立教之本、兴教之源，强国必先强教，强教必先强师。"[1] 在此背景下，如何更好地对新入职教师培养进行问题诊断并制定疏畅机制，是"活"化成长阻滞要解决的核心问题之一。本文在立足常熟市第一中学实践的基础上，直面问题、科学归因，谋求有效策略。

一、新入职教师培养的问题诊断

（一）精力有余，学力不足

新入职教师缺乏实践经验和系统的理论学习，导致部分教师面临"精力有余，学力不足"的状况，在学力上存在明显短板。例如，在课程设计方面，难以将先进的教育理念与实际教学完美融合；在课堂管理方面，因对学生心理和行为特点了解不足，无法有效引导学生积极参与学习；在研究新课标、洞察考试新动向以及活用

教材对接考试等方面，因缺乏经验导致考教脱节。由于新入职教师培训的相关政策中只规定了入职培训总的方针，关于如何设置具有针对性和系统性的具体内容、以何种方式提升新入职教师核心素养和关键能力涉及较少。[2] 在带教过程中，学校过于注重教学任务的完成，未能提供足够的学习资源和交流平台，使得新入职教师难以接触到最新的教育研究成果和同行的优秀经验，不利于新入职教师学习能力的培养和提升。同时，对新入职教师的评价机制侧重教学成果的短期表现，没有充分关注其学力的成长和发展。

（二）自力有余，合力不足

新入职教师的个人能力毋庸置疑，但相对欠缺协同意识，难以实现个人价值的最大化。例如，在与同事交流教学心得或合作开展项目时，无法清晰准确地阐述自

身的观点与想法，致使信息传递受阻；新入职教师自我意识偏强，过度关注个人教学成果，忽略了团队的整体目标。在面临跨学科教学或综合实践活动时，新入职教师不能迅速适应合作教学模式，难以与其他教师形成良好互补。究其原因，其一，在新教师入职培训环节，针对团队合作精神与协作能力的训练存在不足；其二，学校在安排工作任务时，未能周全地考虑新入职教师的合作需求以及能力匹配状况，致使合作效果不尽如人意；其三，学校缺乏优良的合作文化氛围和有效的激励机制，对积极参与团队合作并获取良好成果的教师未给予充分的认可与奖励，因而难以激发新入职教师参与合作的主动性。

（三）活力有余，定力不足

在对新入职教师的观察与研究中，"活力有余，定力不足"这一现象逐渐凸显。然而，这种活力在某些情况下未能与足够的定力相匹配。他们在教学中常常尝试各种新颖的教学方法，以吸引学生的注意力和激发学生的学习兴趣，但由于缺乏足够的定力，在面对教学过程中的挫折和困难时，容易产生焦虑和动摇。比如，当学生的成绩未能如预期提升，或者教学效果不理想时，他们可能会迅速否定自己之前的努力，频繁地改变教学策略，而不是冷静地分析问题的根源。再者，新入职教师往往热衷于参与各类教育改革和创新项目，但定力不足，往往难以长期专注于某一项改革或项目，导致无法深入挖掘其潜在的价值，难以取得显著且持续的教学成果。同时，这种定力的缺乏也反映在他们的职业规划上，由于学校缺少科学的规划指导以及必要的跟踪管理，致使新入职教师往往会因外界的影响而频繁调整自己的职业

发展方向，缺乏对长期目标的坚定追求和持续努力，很难在教育之路上行稳致远。

（四）眼力有余，谈力不足

这里的谈力泛指沟通能力。沟通不畅是新入职教师当前面临的一大难题。新入职教师凭借着对教育事业的热情和新鲜的视角，能够较为敏锐地察觉学生在学习和行为上的细微变化。然而，由于初入职场，缺乏实际的沟通经验和技巧，在与学生交流时，有时会出现表述不清、语气不当或者无法理解学生心理需求的情况。面对家长，新入职教师可能因紧张或不知如何把握分寸，难以全面、准确地反馈学生的情况。在与同事的交流中，新入职教师也可能因为不自信或表达能力欠缺，无法有效地参与教学研讨和经验分享。从学校带教管理的角度而言，也存在一定的不足，如学校培训体系不完善，培训内容缺乏实用性。在较长的一段时间中，学校尚未真正建立一套完善的基于"计划安排—过程管理—反馈总结"流程的"学科组—年级组—学校"的新入职教师培训体系。同时，囿于认知局限，培训内容往往未能紧密结合他们的教学岗位和实际需求，导致不少学校对沟通技巧和方法的培训不够系统和深入，导致新入职教师在实际工作中缺乏有效的指导。在日常的教学管理中，学校未能及时发现新入职教师沟通力不足的问题并给予有针对性的辅导和建议，且未能为新入职教师提供足够的交流平台和实践机会，让他们难以在真实的情境中锻炼和提升沟通能力。

二、新入职教师培养的疏畅机制

为解决上述问题，笔者以为，学校在开展需求调研的基础上（学生层面和新入

职教师层面），必须创新培养思路、探索适切模式，方能寻得实践突破。

（一）传"活"新人，以价值的协同强化引领

1. 以校训精神为纽带，弘扬师德好风尚

通过深入解读校训内涵，组织新入职教师共同研讨校训的含义和精神实质，使其深刻理解校训所承载的价值观和教育理念。常熟一中将校训融入新入职教师培训，使之与师德师风教育紧密结合，通过演讲比赛、征文活动、案例分析及经验分享等方式，让他们找寻传承校训、践行良好师德的方法路径；借助校园文化布置，使校训精神化作弘扬师德的纽带。

2. 以卓越教师为标杆，增强职业认同感

以卓越教师为标杆，让"大先生"的形象生动起来，引领新入职教师树立榜样、不断精进，以学习借鉴为有效途径，通过对卓越教师多渠道的研究分析，学习他们为人师表，担当作为有信念，为党为国育就一批批人才；学习他们严谨治学，深耕细研大学问，为学生开启一个个智慧之门；学习他们怀揣教育大情怀，倾力于培养建设家国的一代代奋斗者。由此持续增强新入职教师对职业的热爱和认同感。

3. 以办学理念为引领，探索教育创新潮

办学理念作为学校的灵魂所在，在引领学校发展方向，勾勒学校愿景、使命和核心价值观等方面具有不可忽视的作用。如学校围绕"乐成"理念，鼓励新入职教师循迹"乐学乐行"，在教育教学中不断探索新的教学方法和教育模式。学校尝试将微型知识竞赛引入历史课堂，显著提高了学生的参与度；在数学课上设置"今天我命题"环节，大大增强了学生的学习主动性。

（二）"活"培新人，以灵活的方式提升实效

就教育的长期性而言，新入职教师仍需长期的专业学习。故应探寻适当的培训方式，方可激发新入职教师的成长动力，并有针对性地促其成长。

1. 以分类结对为桥梁，博采众长汇良策

师徒结对是培育新入职教师的有效方法。在新教师入职之初，学校就为他们安排与本校一线优秀教师进行分类结对，并签约下发结对记录册。新入职教师依照记录册的流程与项目，分别与课程导师（涉及备课与上课）、管理导师（涵盖课堂管理及课后辅导）以及健康导师（包含谈心教育）展开随时随地的交流。同时，分类导师须落实汇报制度，将新入职教师的表现及时反馈至年级组，年级组再汇总信息上报，以供调整。

2. 以双向听课为抓手，聚焦教学攻课堂

双向听课，其一为新入职教师与导师的相互听课，包含新入职教师跟从导师的"取长课"以及导师随堂督听的"找短课"；其二为新入职教师间的互听互评"互学课"。学校要预先制订清晰的双向听课计划，涵盖时间、人员及教学内容安排等；明确听课重点，如教学设计、教学方法、师生互动、课堂管理等；做好详尽的观察记录，包含教学流程、学生表现、优点与不足；及时开展交流反馈，让新入职教师明确自身课堂教学存在的问题，依据导师和同伴给出的指导意见及建议进行整改。

3. 以案例研磨为途径，精准施策促共进

学会处理各类事务，是教师成长的必由之路。提升自身应对各种情况的能力，案例研磨与实践参与是精准突破的关键。可通过案例演绎，让新入职教师现场处置，于互动交流中激发思维碰撞；借助案例教学，让参与者提出解决方法，是新入职教师积累间接经验的最佳途径。例如，学校让新入职教师全权负责带领学生开展《改善学校池塘水质的可行性研究》等跨学科项目化研究。在此过程中，教师相互支持，不仅增强了新入职教师的跨学科教学能力，更重要的是培养了合作意识与团队精神。

（三）培"活"新人，以适宜的项目助推成长

有针对性地落实新入职教师培训的项目，是一代新人做到精于细微，视野宏广，既能把握现在又能着眼未来的关键一环。

1. 以研究课标为指引，实现育人目标的导向化

当下，课程和教材的革新又对新入职教师提出了更高的要求，带来了更多的挑战。为此，学校应及时组织新入职教师开展新课标研读，明确其变化、核心要义及育人目标。开展课例研究，选取典型课例，对照课标要求进行综合分析，明确育人目标在实际教学中的体现方式；建立评价体系，对教学过程及学生的学习效果进行评估，以此构建基于育人导向的"教—学—评"一体化框架。[3]

2. 以研究个体为策略，推进育人方式科学化

研究学生是落实学生主体地位的基础。

学校借助师徒结对，引领新入职教师摒弃主观推断，选取典型学生开展涵盖心理健康、兴趣爱好、人际交往等方面的短期、中期和长期的跟踪研究，从中总结有效策略。其间，新入职教师通过多种交流方式，为学生制作成长档案，开展微型课题研究，助力提升新入职教师的眼力和谈力。

3. 以研究数据为依托，探索育人路径精准化

通过对学生的学习行为、成绩表现、学习路径等数据的深度挖掘和分析，实现精准化育人。例如，借助学校智慧平台，引导新入职教师掌握"收集—分析—运用—验证—调整"的学生学习数据处理流程，准确识别学生的学习困难和优势，为其提供个性化的学习方案，促进教育评价的多元化和全面化，同时发现教育的潜在规律和趋势，为改进教学方法提供科学依据。

（四）维"活"新人，以灵动机制筑牢保障基石

对新入职教师的培训，必须维持其活力，借助灵动的管理机制为其成长提供坚实保障，从而源源不断地激发其成长动力，达成持续发展的目标。

1. 以科学指标为依凭，构建长效的激励机制

以构建涵盖教学态度、教学方法、教学效果、学生及家长反馈等多维度的评价指标体系为依凭，以拓展反馈途径，搭建包括新入职教师定期座谈会、重要活动反馈会、期末总结会以及在线问卷调查在内的"3+1"反馈平台为媒介，在学校及时掌

握新入职教师实时表现的基础上，构建并完善新入职教师奖励制度，对在各类比赛和活动中取得佳绩、学生及家长满意度高的新入职教师予以表彰，并将其与年度考核、岗位职称晋升紧密挂钩。此外，借助教师会、学生会、家长会以及微信公众号对他们的出色表现进行公开报道，持续激发其积极性和主动性。

2. 以导师轮换为契机，实现互补性成长指导

面向每一位新入职教师，制定严格的导师选拔标准，将教学经验丰富、教学成果显著、沟通能力出色的教师纳入带教导师团队。而后安排多位导师同时与新入职教师结对，定期轮换带教。例如，新入职的英语教师在入职的第一个学期师从精于课堂教学的甲老师；第二个学期问道乙老师，学习课堂管控艺术；进入第二学年又由丙老师带教，习得阅读写作教学技艺。由此，新入职教师能够接触到不同风格和专长的导师，汲取多元化的指导经验，拓宽教学视野，丰富教学方法，促进自身全面而快速成长。

3. 以个性培训为路径，满足差异化成长需求

个性化培训可以针对新入职教师的个体差异，提供量身定制的培训内容和方法，使培训更具针对性和实效性。例如，某新入职教师实验技能出众，学校为其制订了"劳动课程—物理实验室"项目化成长培训计划，内容涵盖物理教学、实验教学、教具制作、项目课题等多个领域，从而使该教师在教学、科研及组织等方面的能力都得到了锻炼和提升，既充分挖掘了新入职教师的潜力，又发挥其特长，实现精准培养。

新入职教师处在他们整个职业生涯中最重要、最特殊和最具可塑性的阶段。[4]学校唯有精准落实培养举措，引领广大新入职教师心怀责任，勇于担当，不断进取，才能将新入职教师"一年站稳讲台，三年独当一面"的美好愿景化为现实。

【作者简介】李进，男，江苏省常熟市第一中学党总支副书记、校长，高级教师，苏州市姑苏青年拔尖人才，苏州市历史学科带头人。

参考文献

[1] 中共中央国务院关于弘扬教育家精神　加强新时代高素质专业化教师队伍建设的意见[N].人民日报，2024-08-27（1）.

[2] 苏荟，李林璇.小学新教师专业成长的困境、原因和策略研究[J].教育参考，2024（2）：91—96.

[3] 蒋瑾，姜浩哲."双新"背景下新教师在角色适应过程中面临的挑战与对策[J].教师教育研究，2023，35（5）：60—66.

[4] 何灿娟，徐文彬.新手教师专业发展研究的元分析[J].教育科学研究，2018（3）：87—92.

民族文化教育视域下幼儿园课程创生实践研究

——以贵州省黔西南布依族苗族文化为例

◎ 林贵香 / 贵州省兴义市百春幼儿园

王　艳 / 江苏第二师范学院

摘　要　贵州省黔西南布依族苗族地区具有丰富的民族文化元素，可结合民族文化教育理念，着力将这些元素融入幼儿园环境创设、课程活动设计以及教师跨文化学习能力培养。通过一系列具有民族文化特色的幼儿园课程创生实践，不仅增强了幼儿对民族文化的认同感和创造性，还对教师的专业素养和教学能力提升有所促进，最终为民族地区学前教育高质量发展注入了新的活力。

关键词　民族文化教育　课程创生实践　园本课程

文化兴，国运兴；文化强，民族强。习近平总书记在多个场合强调要坚定文化自信，为实现中华民族伟大复兴注入强大精神动力。随着对文化自信重视程度的提升，保护和传承民族文化显得尤为重要。幼儿期是形成文化认同的关键时期，因此在幼儿园阶段融入民族文化教育具有重要意义。贵州省黔西南布依族苗族自治州拥有着丰富的民族文化资源，这些资源为当地幼儿园课程创生提供了丰富的素材和灵感，将这些民族文化有效融入幼儿园课程，可以促进幼儿对民族文化的认同，从小树立文化自信。

一、贵州省黔西南布依族苗族传统文化元素

（一）图腾崇拜与神话传说

在黔西南布依族苗族文化中，图腾崇拜与神话传说构成了其精神世界的基石。布依族以龙为图腾，认为龙是吉祥、力量和智慧的象征，每年举办的祭龙节便是这一信仰的集中体现，人们通过祭祀活动祈求龙神保佑风调雨顺、五谷丰登。苗族则对枫树、竹子等有着深厚的情感，认为它们是祖先灵魂的栖息之所，因此在苗族村寨中，常能看到这些树木被精心呵护，成

为苗族信仰的一部分。在神话传说方面，布依族的《摩经》和苗族的《古歌》中记录了大量关于人类起源、民族迁徙、英雄事迹的神话故事，这些故事不仅丰富了民族文化的内涵，也为后人提供了宝贵的精神财富。[1]

（二）蜡染织锦与银饰工艺

在手工艺领域，黔西南布依族的蜡染织锦与苗族的银饰工艺堪称一绝。布依族的蜡染，以其独特的图案和色彩搭配，展现了极高的艺术价值。妇女利用蜡刀在布料上勾勒出精美的图案，再经过染色、脱蜡等工序，最终呈现出蓝白相间的美丽图案。这些蜡染作品不仅用于服饰，还广泛应用于家居装饰。苗族则以银饰工艺著称，苗族银饰以其精美的雕刻、华丽的造型和丰富的文化内涵，成为苗族服饰的重要组成部分。无论是头饰、项链还是手镯，苗族银饰都以其独特的魅力，展现了苗族人民的审美追求和艺术才能。

（三）古歌舞蹈与节庆文化

黔西南布依族和苗族的音乐舞蹈与节庆文化璀璨夺目，独具魅力。布依族的古歌《好花红》以其悠扬的旋律和深情的歌词，细腻地描绘了布依族人民对生活的热爱和对自然的崇敬之情，展现了他们丰富的内心世界和独特的文化韵味。苗族的芦笙舞更是节庆活动中不可或缺的一部分，欢快的舞步与激昂的芦笙声交织在一起，不仅展现了苗族人民乐观向上和团结互助的精神风貌，而且是对苗族传统文化的一种生动诠释。布依族的"六月六"和苗族的"姊妹节"等节庆活动，更是民族文化的集中展现。人们在欢声笑语中载歌载舞，共同庆祝丰收与幸福，传递着对生活的美好祝愿和对未来的无限憧憬，展现了这两个民族深厚的文化底蕴和独特的民族风情。

二、民族文化教育视域下幼儿园课程创生实践策略

（一）文化认同，落实立德树人根本任务

1. 办园理念与育人目标的融合

地处黔西南地区的百春幼儿园坚持"百花绽放春无限"的办园理念，这不仅是对自然景观的赞美，更是对多元文化共融共生的期许。民族文化作为中华文化的重要组成部分，其丰富多彩的文化内容和艺术形式为幼儿园提供了宝贵的教育资源。幼儿园通过组织各种民族文化活动、节日庆典和艺术表演，不仅让幼儿感受到不同民族文化的独特魅力，还在互动交流中培养跨文化沟通的能力和多元文化的视野。[2]在此基础上，幼儿园对标立德树人根本任务，提出"心向本然，行向美好"的教育理念，强调尊重生命的本质，珍视童年的纯真，以及追求教育的自然纯粹过程。

2. 课程教育与地域特质的融合

幼儿园在课程设计上深度挖掘贵州省黔西南的地域资源，巧妙地将布依族和苗族的传统文化元素融入日常教学。同时利用黔西南丰富的自然资源，如独特的喀斯特地貌、丰富的生物多样性等，开展了一系列以地域特质为主题的探索活动。例如，教师带领幼儿走进自然，观察喀斯特地形的奇妙，了解布依族如何利用这些自然资

源发展农业和手工艺；同时让幼儿学习苗族的传统草药知识，亲手种植并了解当地草药的功效与应用。这些活动不仅让幼儿在亲身实践中感受到地域文化的独特魅力，还培养他们对自然的敬畏之心和对本土文化的热爱。通过这样的课程设计，园所成功地将地域特质与课程教育相融合，为幼儿提供了一个充满文化底蕴和自然之美的学习环境，让他们在快乐中成长，成为传承与发展黔西南文化的有力使者。

3. 自然与人文相融的教育实践

幼儿园坚持自然与人文的和谐共生、融为一体。课程内容以儿童与自我、儿童与自然、儿童与社会为三大核心模块，致力于让幼儿在全方位的探索与体验中，深刻感受自然之美、社会之美以及文化之美。[3] 在自然教育方面，幼儿园充分利用黔西南地区的自然资源，如原始森林、丰富的动植物等，组织幼儿进行户外探险，引导他们观察、探索自然的奥秘。在一次以蜡染为主题的活动中，教师不仅带领幼儿参观苗族村落和蜡染工坊，还结合当地自然环境，引导幼儿观察自然界的色彩与图案，如树叶的脉络、花朵的纹理等，启发他们将自然元素融入蜡染创作，从而实现对自然之美的感悟与表达。在人文熏陶方面，幼儿园精心策划参观布依族和苗族古村落的活动，使幼儿身临其境地沉浸于民族文化的独特氛围中，领略传统服饰、歌舞、节日庆典等的魅力。同时邀请当地民间艺人来园，现场展示并传授蜡染、刺绣等传统技艺，让幼儿在亲手操作中感受民族文化的深厚底蕴，激发他们对传统文化的热

爱与传承意识。此外，幼儿园还鼓励幼儿与蜡染师傅交流互动，让幼儿亲眼见证从选材、设计到染色的全过程，增强幼儿对蜡染技艺的感性认识和尊重感。通过这样的活动，幼儿在亲近自然的同时，也深化了对本土文化的理解和认同。

（二）实践创新，开展布依族苗族文化活动

1. 追寻文化之根，激发幼儿兴趣

幼儿园从空间场域、实践过程、育人目标三维度精心构建文化空间，以丰富的活动让幼儿在亲身实践中感受民族艺术的独特魅力，激发其好奇心与探索欲，引领幼儿深入探寻民族文化之美，追寻民族文化之根。这一过程培养了幼儿深刻认知自然与社会的能力，也在幼儿心中播下热爱与尊重本土文化的种子，让民族文化生根发芽。

例如，幼儿园创设了"布苗家"体验区，为幼儿提供了一系列丰富的文化体验活动。在制作布依糠包时，幼儿亲手用糠壳和五彩布料制作出独特的糠包，锻炼了动手能力，也加深了对民族文化的了解。在板凳舞的学习中，幼儿通过欢快的节奏感受到布依族舞蹈的韵律之美。在舞龙和抬花轿表演中，幼儿亲身体验了传统节庆的热闹氛围，民族认同感油然而生。此外，幼儿还在五色糯米饭制作课堂上亲手做了色彩缤纷的糯米饭，品尝到了民族美食的独特风味。在布依扎染技艺学习中，幼儿掌握了传统扎染方法，制作出精美的手工艺品，感受到了民族工艺的独特魅力。在打糍粑活动中，幼儿一起参与糍粑的制作，

体验了传统农耕文化的乐趣。这些活动不仅让幼儿亲身感受到布依族、苗族文化的丰富多彩，也激发了他们对民族文化的好奇心和探索欲望，为他们日后的学习打下了坚实的民族文化基础。

2. 欣赏与感受，调动幼儿感官

在幼儿对民族文化产生兴趣的基础上，幼儿园引导他们运用视觉、听觉、触觉等多种感官，深入感受民族文化的魅力。[4] 通过欣赏民族服饰、音乐、舞蹈等，幼儿更加直观地感受到民族文化的独特韵味。

以音乐欣赏活动"布依八音"为例，幼儿首先通过视觉了解竹笛、木叶、唢呐等传统布依族乐器的独特造型和制作材料。接着在教师的引导下，幼儿闭上眼睛静静聆听这些乐器演奏出的悠扬旋律，通过听觉感受音乐的韵味和节奏。最后，幼儿触摸乐器，感受其质感和独特的振动，通过触觉进一步加深对民族音乐的印象。

3. 体验与实践，融入游戏教学

为了让幼儿更好地体验和实践民族文化，幼儿园将民族文化元素融入游戏教学中，通过角色扮演、情境模拟等形式，让幼儿在轻松愉快的氛围中学习和传承民族文化。

以深受幼儿喜爱的游戏"抬花轿"为例，在游戏中，为实践布依族婚礼中的抬花轿环节，幼儿分成几个小组，每组选几名"轿夫"和一名"新娘"。他们亲手制作花轿，用竹竿、彩纸等材料打造出别具一格的轿子。然后，"轿夫"们抬起花轿，伴随着欢快的音乐和节奏，走过曲折的"山路"，最终将"新娘"安全送到目的地，亲身体验布依族婚礼的喜庆氛围。

4. 渗透与创造，拓展一日活动

幼儿园课程创生注重实践创新，尤其在开展文化活动方面，通过渗透与创造的方式，巧妙地将民族文化元素拓展至幼儿一日活动中。从清晨入园到傍晚离园，每个时段都精心设计了融入民族文化元素的活动。

例如，在入园晨间活动中，幼儿伴随着布依族的民族音乐跳起欢快的板凳舞，感受民族舞蹈的韵律与节奏；课间操时间，幼儿在融入苗族鼓舞元素的运动中体验民族文化的力量与美感；午餐时段，幼儿在品尝五色糯米饭、酸汤鱼等特色美食中了解民族饮食文化；体育游戏时间，幼儿在布依草龙民族游戏中锻炼大肢体动作；户外自主游戏时间，幼儿以"贵州龙"为主题进行绘画与手工创作，尽情发挥想象力，用画笔和模型描绘创作出自己心中的贵州龙形象，在实践中深化对民族文化的理解与认同。这些活动不仅丰富了幼儿的一日生活，更在潜移默化中培养了他们对本土文化的热爱与尊重，实现了民族文化教育的有效渗透与创造。

（三）深化体验，培养教师跨文化学习能力

在民族文化教育视域下，幼儿园课程创生实践也关注教师的跨文化学习能力，并采取了一系列具有针对性、操作性的措施，深化教师对当地少数民族文化的理解与传授能力。

以"蜡染技艺体验与教学转化"为例，幼儿园组织教师深入苗族村落，与当地蜡染艺人面对面交流,观察蜡染技艺的全过程,从选材、设计到染色,每一步都细致入微地学习。教师不仅亲手体验蜡染制作,还在艺人的指导下完成自己的蜡染作品。这种亲身体验不仅让教师对蜡染技艺有了更加直观的认识,还激发了他们对苗族文化的浓厚兴趣。随后,为进一步将技能转化为教学能力,我们邀请苗族蜡染传承人走进幼儿园,为教师开展专题培训。传承人不仅详细讲解了蜡染的历史渊源、文化意义,还分享了将蜡染技艺融入课程的实践经验。教师结合所学,设计了一系列以蜡染为主题的教学活动,如"蜡染图案设计比赛""蜡染故事创作"等。通过这一系列活动,教师不仅培养了跨文化学习能力,还成功将苗族蜡染技艺转化为生动的教学资源,并有效融入幼儿园课程,实现了民族文化教育的深化与创新。这一实践既提升了教师的专业素养,也为幼儿提供了一个充满文化底蕴的学习环境,让他们在快乐中成长,成为传承与发展本土文化的使者。

三、结语

综上所述,民族文化教育视域下的幼儿园课程创生实践在贵州省黔西南布依族苗族地区幼儿园取得了较好的成效。通过精心设计的文化空间、丰富多样的活动形式以及教师跨文化学习能力的培养,幼儿不仅在日常生活中潜移默化地接受了民族文化的熏陶,还在亲身实践中加深了对本土文化的理解和认同。这一实践不仅丰富了幼儿园课程内容,还激发了幼儿对民族文化的兴趣和探索欲望,为他们未来的成长奠定了坚实的民族文化基础。同时,教师的专业素养和教学能力也得到了显著提升,为幼儿园民族文化教育的持续发展注入了新的活力。[本文系教育部民族教育发展中心项目"东西部教育数字化发展共同体建设研究"的阶段性研究成果。]

【作者简介】林贵香,女,贵州省兴义市百春幼儿园党支部书记、园长,副高级教师。王艳,女,江苏第二师范学院宣传部副部长,副教授。

参考文献

[1] 朱杨东.融入苗族文化的幼儿园园本课程 [J].贵州教育,2019(Z1):12—13.

[2] 冉江雪.苗族音乐在幼儿园本土教学中的传承与发展 [J].我和宝贝,2021,11(3):93—94.

[3] 李旭.苗族文化融入幼儿园绘本教学资源的开发探究 [J].科教导刊(上旬刊),2020(16):158—159.

[4] 陆帮恋.布依族本土文化融入幼儿园教学的实践 [J].活力,2019(6):126.

基于学科实践的初中物理复习课设计与教学实施

——以"分析小灯泡'不发光'原因"为例

◎ 宋晓楼　王章虎 / 江苏省睢宁县教师发展中心

摘　要　学科实践将学科与实践合二为一，作为学习方式领域的一个专业术语，是义务教育新课程方案的全新概念，是本轮课程改革的一个亮点。本文论述了在初中物理复习课中使用内容重组、问题化学习、思维进阶等策略，以"真实问题情境创设，追问的设计，问题集、问题链、问题网的建构"等方式组织教学，以问题解决促进学生持续实践探索，落实用中学、做中学、创中学。

关键词　学科实践　初中物理　教学实施　复习课设计

《义务教育课程方案（2022年版）》提出义务教育课程的第五个基本原则是"变革育人方式，突出实践"，并明确提出："强化学科实践。注重'做中学'，引导学生参与学科探究活动，经历发现问题、解决问题、建构知识、运用知识的过程，体会学科思想方法。加强知识学习与学生经验、现实生活、社会实践之间的联系，注重真实情境的创设，增强学生认识真实世界、解决真实问题的能力。"[1]

在《义务教育物理课程标准（2022年版）》（以下简称"新课标"）中，"实验"一词出现185次，"探究"一词出现147次，"实践"一词出现79次。课程内容条目中要求学生动手操作、做中学的占比为59%，样例和活动建议中要求学生动手实践的占比为73%。[2] 由此可见，变革物理课堂教学方式、强化物理学科实践是深化物理课程改革、落实物理课程育人功能、培养学生物理学科核心素养的关键问题。本文以"分析小灯泡'不发光'原因"为例，探讨初中物理复习课教学中学科实践的设计与教学实施。

一、基于学科实践的教学实施

（一）创设真实问题情境，启动学习任务

新课标"课程理念"中明确提出要"注重科学探究，突出问题导向，强调真实问题情境，引导学生不断探索，提高分析

问题、解决问题的实践本领和科学思维能力，发展核心素养"[3]。在中考电学专题复习时采取问题化学习方式，基于学习任务，创设真实的问题情境，实施学科实践探究活动。上课伊始，教师演示实验，引导学生观察，发现 L_1 发光、L_2 不发光（如图1）。提出问题："L_2 为什么不发光？可能的原因是什么？"（在这个实验中，要选择规格不同、阻值相差较大的小灯泡，电源一般以两节干电池串联使用为宜，如果小灯泡规格不理想，也可以通过调节电源电压来实现一个发光、一个"不发光"，要做充分的调试以确保课堂演示效果。）

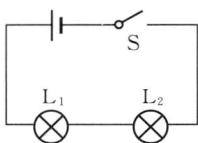

图 1

（二）设计问题集，通过追问引导学生深度思考

提出问题后，给学生留适当的思考时间，当发出"说说看"的邀请后，会有"L_2 灯丝断了""L_2 被短路了"等来自学生浅层思考的答案，教师不评判，将学生的答案写在黑板上。追问1："如果是 L_2 灯丝断了，L_1 会怎么样？"大部分学生马上会意识到这是一个串联电路，如果 L_2 灯丝断了，L_1 也不会发光，因此排除 L_2 灯丝断了的可能。追问2："如何判断 L_2 是否被短路了呢？"对大部分学生来说，追问2是有一定难度的，学生很难用言语来解释清楚，此时就可以引入动手操作，以帮助学生突破认知障碍。教师演示，学生

观察：拧掉 L_2，L_1 不发光；安装上 L_2，L_1 发光。追问3："如果是 L_2 短路了，拧掉 L_2，L_1 会发光吗？"有了教师的动手操作演示，学生很快就会排除 L_2 被短路了。追问4："还有没有其他的操作方式可以排除 L_2 被短路了？动手试一试。"有部分学生会想到用电压表测量 L_2 两端的电压。测试发现，L_2 两端有电压，如果被短路，其两端的电压应该为0，因此排除被短路的可能。追问5："既不是 L_2 的灯丝断了，也不是 L_2 被短路了，那会是什么原因呢？"因为有了电压表使用的尝试，有学生提出来可能是 L_2 两端的电压小。学生动手操作，分别测量 L_1 和 L_2 两端的电压（如图2），发现 L_2 两端的电压确实低。至此得出初步结论：是因为 L_2 两端电压低导致 L_2 不发光。

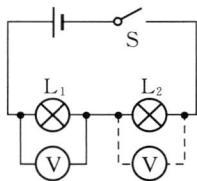

图 2

（三）设计问题链，通过问题网引导学生持续实践探索

问题1：是什么原因导致 L_2 两端的电压低呢？学生会猜测可能是两个小灯泡电阻大小不同造成的。有哪些方法可以论证这个想法？有的学生会重新观察两个小灯泡的规格，从中做出判断，有的学生提出可以用实验来验证判断。如何比较两个小灯泡灯丝电阻的大小？有哪些具体的实验方案？请设计实验方案，并动手试一试。

学生设计了三种实验方案（如图3—图5），分别动手操作、演示、阐明理由，并说明应用了哪些物理知识和原理。教师引导学生梳理归纳知识，建构基本的知识模块。

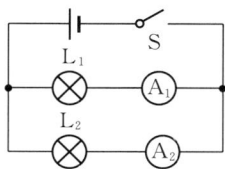 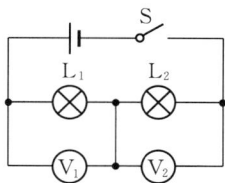 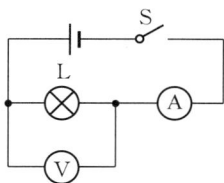

图 3　　　　　图 4　　　　　图 5

问题2：图5的方案，通过测量小灯泡两端的电压和通过灯丝的电流，可以计算出灯丝电阻的电阻值，不仅可以进行定性的比较，还可以实现定量的测量、计算。如果从测量电阻的角度来说，图5的实验方案可以做怎样的改进？学生很快给出方案（如图6），并阐明理由。方案6不仅可以测量小灯泡灯丝的电阻，还可以实现哪些物理量的测量？学生思考，动手试一试，并展示、说明。在学生展示可以测量小灯泡的电功率的同时，教师引导学生对小灯泡的亮度进行判断，并说明判断的依据：取决于小灯泡的实际功率。再去回应小灯泡 L_2 不发光的问题，得出进一步的结论： L_2 的实际功率太小，小灯泡的发光亮度太低。至此，小灯泡 L_2 不发光的问题得以解决。

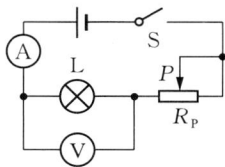

图 6

问题3：如果把图6中的小灯泡换成定值电阻（如图7），这个电路图可以完成哪些实验？滑动变阻器在电路中有哪些作用？引导学生进行回顾、梳理，完成对电学部分典型实验、典型知识的复习、巩固，建构知识网络。

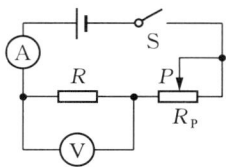

图 7

学科实践是《义务教育课程方案（2022年版）》在探究学习基础上首次提出的迭代概念，倡导做中学、用中学、创中学。[4]学生在实践中学习学科、在学习学科中实践，并不是抛弃知识；相反，要以一定的学科知识储备为基础，没有知识的学科实践是浅层的、狭隘的。学科实践更强调通过实践获取、理解与运用知识，倡导学生在实践中巩固、建构、创新自己的学科知识。[5]用，就是最好的学。通过真实问题情境的创设、追问的设计、问题网的建构，促进学生持续的实践探索，在问题解决的过程中体悟知识的应用、学习的快乐。

二、基于学科实践的设计关键

（一）内容重组

新课程方案与新课标强调以学科课程核心素养为纲，重组课程内容，强化学科实践，重视综合学习，推进育人方式变革。[6]"分析小灯泡'不发光'原因"涉及苏科版初中物理第十三章《电路初探》、第十四章《欧姆定律》、第十五章《电功和电热》三章内容，融合了串联、并联电路基本特点（规律）、电压、电流、电阻、电功率等物理量，以及欧姆定律、滑动变阻器的使用、电学部分的典型实验等知识点。在具体设计中，以"分析小灯泡'不发光'原因"为主题进行统整，以问题设计为驱动，推进综合学习，让学生在持续的实践探索中体悟知识的学以致用，尝试向用以致学转变。

基于学科实践的初中物理复习课设计，需要打破教材单元壁垒，依据学习任务，结合主题学习需要进行贯通设计，加强知识间的内在关联，促进知识结构化。

（二）问题化学习

在"分析小灯泡'不发光'原因"的教学设计中，通过创设真实问题情境，引发学生认知冲突。引导学生基于观察提出自己的问题（L_2 为什么不发光？），教师设计追问形成问题集（①如果是 L_2 灯丝断了，L_1 会怎么样？②如何判断 L_2 是否被短路了呢？③如果是 L_2 短路了，拧掉 L_2，L_1 会发光吗？④还有没有其他的操作方式可以排除 L_2 被短路了？⑤既不是 L_2 的灯丝断了，也不是 L_2 被短路了，那会是什么原因呢？），通过问题链形成问题网。这样，通过系列问题来引发持续性的学习活动。用有层次、结构化、可扩展、可持续的问题系统贯穿学习过程和整合各种知识，学生通过系列问题的解决，实现知识的整体建构、学习的有效迁移与能力素养的逐步形成。[7]

问题化的物理学习设计，应符合物理学科逻辑顺序和学生心理发展顺序，要以学生的问题为起点、以学科的问题为基础、以教师的问题为引导，在追求个人学习意义、满足个性化学习需求的同时，实现学科的素养目标。同时依托问题系统化，在持续解决问题中建构学科知识体系，发展高阶思维，实现学习经验多维度结构化，使学生发展核心素养得以落地。

（三）思维进阶

尽管记忆很重要，但是记忆不能与深度的理解、思考及学习混为一谈。知识的理解仅仅依靠记忆是不够的。在进行教学设计时，要关注学生思维的进阶。在"分析小灯泡'不发光'原因"的教学设计中，通过引导学生对串联、并联电路及其相关知识进行提取、分类、整理、比较，对滑动变阻器在不同实验电路中的作用进行区别、分析，建立相关性，促进学生理解信息，体悟物理知识的应用。通过引导学生对小灯泡灯丝电阻测量电路的改进、优化，在实验数据收集时设置平均值栏目的评价、判断，促进学生洞察能力的提升。在具体实施过程中，鼓励学生借助表格、思维导图等可视化工具梳理知识，在建构知识网络的同时，发展思维的丰富性。

关注物理学科思维培养的课堂教学不再是生硬地向学生灌输知识，而是力图借用工具与技巧引导学生将知识转化为思维、力量、生活经验，展现思维的张力与美好。通过建立联系、解释原因、积极反思和多种展示方式，让学生对所学知识进行解释、分析、转化、应用、综合和评价，在复述、关联、转化的过程中感受复杂的学习体验，发展思维的丰富性，提高思维的关联性，锻炼思维的严谨性，强化思维的迁移性。

三、结语

学科实践是本轮课程改革的一个亮点。关于学科实践的落地方略，已有研究主要从培育核心素养角度进行解读。[8]而学科实践导向的初中物理复习课，是通过将实验操作、问题探究等实践活动融于复习之中，使学生能够在真实的问题情境、学习情境中加深对物理概念、物理规律的理解和应用。这不仅提高学生解决实践问题的能力，激发学生对学习物理的兴趣，还能帮助学生建构物理知识系统，促进物理科

学思维的提升，使得物理学科核心素养的培养得以落地。

当然，基于学科实践的初中物理复习课设计与教学实施也不是一成不变的，它需要根据学生的反馈、教学效果不断进行反思和调整，需要建构以形成性评价为主的多元评价体系，不仅关注学生的学业成绩，还应重视学生在科学探究、合作交流等方面的表现。同时教师也需要不断提升自身的专业素养和教学能力，以更好地设计和实施高效的物理复习课程。[本文系2023年度江苏省教师发展研究课题教育家型教师专项"指向物理跨学科实践的乡土资源开发与应用研究"（编号：jsfz-c29）的阶段性研究成果。]

【作者简介】宋晓楼，男，江苏省睢宁县教师发展中心科研部主任，正高级教师；王章虎，男，江苏省睢宁县教师发展中心物理教研员，高级教师。

参考文献

[1] 崔允漷，张紫红.义务教育课程改革的愿景、使命与方向——专访华东师范大学崔允漷教授[J].教师教育学报，2023，10（1）：1—10.

[2] 许静，于海波.物理跨学科实践教学的内涵价值、现实困境与优化策略[J].物理教学，2024，46（1）：12—15，61.

[3] 中华人民共和国教育部.义务教育物理课程标准（2022年版）[M].北京：北京师范大学出版社，2022.

[4][8] 薄金鑫，王丽华.基于杜威"做中学"思想的学科实践研究[J].教学与管理，2024（4）：1—5.

[5][6] 崔允漷，张紫红，郭洪瑞.溯源与解读：学科实践即学习方式变革的新方向[J].教育研究，2021，42（12）：55—63.

[7] 褚清源.王天蓉：学习始于问题，终于问题[N].中国教师报，2023-06-07（6）.

以学习为中心的高中"灵动课堂"的建构与实践

◎ 居群丹 / 江苏省常熟市浒浦高级中学

摘　要　"启智润心、因材施教的育人智慧"是教育家精神的本质要求。学生发展的主体性、多向性、生成性，要求教师坚持以学习为中心，课堂教学在教学立意、课堂逻辑、学生展示、课堂对话、迁移运用方面呈现新的质态。浒浦高级中学有针对性地提出"灵动课堂"内涵，即"灵魂、灵气、生动、互动、能动"的"二灵三动"课堂教学主张，并以主题化情境、深度化总结、展示性学习、表达型对话、迁移型训练的"五有基准"及相关实践，推动"以学习为中心"的育人智慧在课堂扎根。

关键词　以学习为中心　灵动课堂　教育策略

大力弘扬教育家精神，培养造就一支师德高尚、业务精湛、结构合理、充满活力的高素质专业化教师队伍，任务艰巨、使命光荣。"启智润心、因材施教的育人智慧"是教育家精神的本质要求，只有运用精妙的育人智慧，以恰当的方法引导人，才能让知识内化为素养，让发展成为可能。浒浦高级中学立足学情，以学习为中心，推进课堂变革，开展"灵动课堂"的教学实践探索，指导学生学习知识、启迪智慧，帮助学生塑造高尚灵魂和健全人格。

一、"灵动课堂"的内在指向：为学而教的教育目的

课堂是立德树人的主阵地。普通高中课堂教学必须深刻理解新课程标准、新统编教材对学习者素养的强化和凸显，将课程目标指向学生核心素养的培育，推动课程由学科立场向教育立场转型，高度重视学生发展。学校要在具体而细微的校情、教情、学情的基础上，进一步思考如何推动本校一线教师更具效率、效益、效能地从"以教定学"真正走向"为学而教"。

浒浦高级中学的教师群体，以核心素养为引领，在"以学习为中心"的课堂教学改革道路上勠力前行，使具有校本特色的"灵动课堂"得以孵化并逐渐成熟。"灵魂、灵气、生动、互动、能动"的"二灵三动"课堂教学探索，追求好的理念与好的流程在课堂教学实践中的有机统一，以课堂教学中的

细节操作，彰显学生发展的主体性、多向性、生成性，努力促使"以学习为中心"的教学理念转化为教学常态。

二、"灵动课堂"的理论基础：以学定教的教育逻辑

"灵动课堂"的提出，根植于对课堂教学内在结构的学理体认，即处理好教与学中各要素的动态转化，使课堂教学有效。具体而言：

一是课堂需要情境。

教学设计理论认为，"教学是嵌入有目的的活动中的促进学习的一系列事件"[1]。"问题解决是通过让学习者解决问题来教的"，因此，课堂需要"创设出可以促进这些技能习得的情境"[2]。就教师而言，应当依托教学逻辑，将事实性、概念性、符号性的学科知识，组织和重构转化为承载教育意义的情境知识。

二是课堂需要展示。

建构主义的学习理论认为，知识是学习者在一定的情境中借助教师和同伴的帮助，利用必要的学习资料，通过意义建构的方式获得的。因此，课堂要围绕学习者，提供或实现情境、协作、对话和意义建构等课堂教学要素。就教师而言，应当依托学习逻辑，通过组织各种展示活动，发挥学生的个性，调动学生的主观能动性，去加工、应用乃至创造知识，最终获得知识所内隐的思想、价值和意义。

三是课堂需要对话。

对话教学理论认为，课堂中"对话是一种教学关系"[3]。以师生协同、生生协同为课堂对话的特征，教学可以还原为形形色色的对话。深度学习需要通过与他人的互动来构建一种学习活动过程，以有利于最终达到对所学知识的深度理解。因此，课堂教学的过程需要创造各种对话的形式和机会。就教师而言，应当依托知识逻辑，在知识的背景、脉络、运用等环节，为课堂对话创造平台、增加深度、增强系列性。

四是课堂需要迁移。

当代知识观认为，知识的获得是一个学习者与信息的动态交流过程。[4]学生作为"成长中的专家"，要致力于像专家一样为解决问题而思考，并由此提升学科关键能力，以应对纷繁复杂的社会现象。因此，课堂教学的过程要富含学生和教学内容之间动态的互动。就教师而言，应当依托认知逻辑，设计探究任务，在教与学的有效融合、动态交互和反复迭代中，促进学生的知识迁移和认知迁移。

五是课堂需要多重逻辑的统一。

深度学习的本质是学会学习、学会应用。为此必须要明确，让人真正受用终身的不是符号知识本身，而是其背后所隐含的思维方式、价值观念以及在知识学习的过程中所获得的情感体验。因此，课堂教学中实际发生着多重线索的协调、共生、共进关系。就教师而言，应当基于深度学习的需要，努力推进"教学逻辑、学习逻辑、知识逻辑和认知逻辑间的有序和有效转化"[5]。

三、"灵动课堂"的"五有基准"：因学施教的教育策略

学校以"灵动课堂"为抓手，探寻学科

核心素养的落地路径，能够胜任高中统编教材的教学要求和促进学科教师的专业发展诉求。在"二灵三动"课堂基本样态中，"二灵"即课堂有灵魂、有灵气，"三动"即课堂的生动、互动、能动。具体阐释为：高远的教育立意涵育"灵动课堂"的灵魂；顺畅的教学逻辑生发"灵动课堂"的灵气；多样的学生展示营造"灵动课堂"的生动；多向的课堂对话增强"灵动课堂"的互动；多维的迁移运用落实"灵动课堂"的能动。

"灵动课堂"要落实为课堂教学的常态，必须遵循适配的标准流程、操作规范，即"五有基准"：有情境、有总结、有展示、有对话、有训练。

（一）以主题化情境助推教学立意的高远

"灵动课堂"意味着教学要有设计感，把设计主题化情境作为形成高远教育立意的关键。"灵动课堂"主题化情境的基本特征是立足学科特征、贯通教学全程、合乎学生认知、提供智性体验。其教学追求是：基于课堂的教与学，以蕴含思想性的主题化情境素材，促使学生在真实、具体、富有价值的情境问题解决中落实立德树人根本任务，为发展学生核心素养提供真实的研学机会。

如地理学科在教学《海洋空间资源开发与国家安全》一课时，以捍卫国家主权和海洋权益为主题，以中国海警驱离非法侵闯黄岩岛的外国船只为情境，通过对侵闯和驱离的原因分析，认识我国南海地区的丰富资源，体认国家安全的任重道远。本堂课是事与理的结合，以事说理，以理析事，使一堂地理课满载家国情怀。

（二）以深度化总结实现多重逻辑的统一

"灵动课堂"强调知识逻辑、教学逻辑、学习逻辑和认知逻辑的统一，必然对课堂总结提出高要求。"灵动课堂"深度化总结的基本特征是：以意统形，覆盖整体；有理有据，逻辑自洽；总结归纳，深化概念；专家视角，学术价值。其教学追求是：注重学科思维模式，通过以学习为中心的教学活动，助推深度学习，引领学生在知识、技能、情感等方面展开多维度的感触和内化，在顺畅的、协同的多重课堂逻辑基础上，开展深度化总结。

如语文学科在教学《庖丁解牛》一课时，引导学生以"道的意义"为旨趣开展总结。学生基于文本语词分析，立足语文学科核心素养"文化传承与理解"，积极开展意义探究，并最终按照审美鉴赏的认知逻辑，认识到：从小处看，庖丁在解牛遭遇困难复杂的肯綮之时，并没有消极回避，而是在小心谨慎中积极应对；从大处看，庄子开辟了一个顺应天理而治、不滞、不累、不拘，不折生命，蓬勃长久的境界，给处于不顺中的人们以精神的抚慰。

（三）以展示性学习促进学生的个性发展

"灵动课堂"主张课堂上应出现足够的学生展示，让学生通过展示性学习的由内而外、由内养外，达到善待自我与欣赏他人、个体多样性表现与群体共同发展的统一。其生本特征是：让学生用其擅长的方式展示，鼓励学生自我突破，帮助学生收获成功体验。

如语文学科在教学《鸿门宴》一课时，

教师创设任务情境：司马迁史记博物馆的展厅中央要展出"鸿门宴"沙盘。请你帮助设计沙盘模型（画出平面图），并在解说设计理念（三分钟演讲）后，接受记者提问（两分钟答辩）。该任务以相信学生的独立性和学习力为前提，凸显了对学生独立学习能力的尊重、培育和发展。

（四）以表达型对话彰显学生的主体地位

"灵动课堂"认同"内部语言和我们发出的有声语言在我们理解概念的发展中起到重要的作用"[6]，主张课堂上应出现足够的表达型对话。其生本特征是：对话主题有学科特色、富思维含量，要求学生多用陈述句、富有逻辑性，鼓励学生独立地表达、完整地表述。

如物理学科在教学《运动的合成与分解》时，师生围绕"若人在河中始终保持头朝正前方游向对岸，他可能会到达对岸的哪个位置"开展对话。教师不问答案是什么，而问答案可能是什么。不同于"是什么"所导致的学生猜测标准答案，使用"可能是什么"，暗示着存在一系列可能的答案，并鼓励学生广泛探讨。如此，学生不仅明白积极地参与回答、讨论是受欢迎的，而且知道应该基于一定的规则进行答案分析。在这一过程中，逻辑推理胜于提供正确答案。这将鼓励学生关注和运用自己的思维技巧。

（五）以迁移型训练落实学生的发展评价

"灵动课堂"认为课堂训练的表现及结果是课堂有效性最直接的体现之一，主张课堂必须有即时的训练，训练应重视学生的知识迁移。其生本特征是：在新知的"疑难点"上迁移，在认知的"模糊点"上迁移，在思维的"发散点"上迁移。

如数学学科在完成对弧度制的概念教学之后，给出探究题：计算苏州拙政园"与谁同坐轩"扇形窗户所对角的大小。学生通过数学建模，巧用弧度制测量，最终惊讶地发现其角度恰为1弧度。无疑，这一迁移型训练蕴含着评价，但这种评价不是让学生显示学过的东西，而是让他们把学到的东西灵活运用，因此更具发展性。

四、"灵动课堂"的实践深耕：协同精进的品质追求

（一）范式与变式的辩证统一

"灵动课堂"包含的"二灵三动"，就其"五有基准"的实施而言，是按照灵魂、灵气、生动、互动、能动五个要素，经由有主题化情境、有深度化总结、有展示性学习、有表达型对话、有迁移型训练的递进关系有序推进，这是"灵动课堂"的基本范式。

但"灵动课堂"的出发点是以学习为中心，关注学生的学，由此课堂教学就不应是线性的、序列的、固化的状态，五个要素也不应固定为并列或并重关系。首先，它可以有程序或流程性的变式，以其中的某个或某几个要素为重点，重组教学流程。其次，它可以基于学科的性质、内容的不同，学习任务的对象、方式的不同，体现出不同的侧重点及变式。当然，各学科"灵动课堂"的具体打造可以不同，但都要经历"二灵三动"的五个环节，这是"灵动"课堂的刚性要求，也是包含认知输入、认知加工、认知输出的完整学习的体现。

（二）设计与评价的整体推进

就课堂谈课堂，难免本位主义。"灵动课堂"有丰富的内涵，其实施也是个复杂的工程，需要课前、课后一系列的配套举措。

1. 备课环节的加法与减法

课堂要灵动，前提条件是充分备课。所谓加法，就是多轮备课——自己备、集体备、调整备、反思备。所谓减法，就是多维洗课。课堂容量有限，要取舍兼顾。当我们强调"二灵三动"的"五有基准"时，课堂是否有空间容纳，取决于洗课的效能，即教学目标简明扼要、教学内容简要充实、教学环节简约质朴、教学方法简便实用、教学语言简洁流畅、课堂训练简练高效。

2. 评课环节的"两表"促思

要科学编制《"灵动课堂"评价表》和《"灵动课堂"观察表》。《"灵动课堂"评价表》将理念与操作技术要求相结合，协助教师"高高山顶立，深深海底行"。《"灵动课堂"观察表》提供"五有基准"的必要流程，以规定动作协助教师尽快适应和达成"五有基准"，确保课堂灵动起来。在课后，不论是教师个体的反思，还是教研组、备课组的评课议课，都要以《"灵动课堂"评价表》和《"灵动课堂"观察表》为参考。

教育家精神的实质，是要求教师具备启智润心的能力，理解每个学生的需求，因材施教。浒浦高级中学倡导的"灵动课堂"是一种教育教学主张，也是一种课堂实践样态。"灵动课堂"范式要求教师以学生为中心，这是探索教学改革的"脚手架"，不是终点，而是一个"三新"背景下的基本起点，也是弘扬教育家精神的必然要求，是师生共同经历的一场智慧之旅。在旅途上，学生因在有可能、有意义、有价值的生命课堂中实现素养提升，教师因在集体教研、课堂改革、价值创造中实现专业发展，双向奔赴，共遇美好。

【作者简介】居群丹，男，江苏省常熟市浒浦高级中学党委书记，高级教师。

参考文献

[1][2] R.M.加涅，韦杰，戈勒斯，等.教学设计原理（第五版修订本）[M].王小明，庞维国，陈保华，等译.上海：华东师范大学出版社，2018.

[3] 张华.对话教学：涵义与价值[J].全球教育展望，2008（6）：7—16.

[4] 潘洪建.当代知识观及其对基础教育改革的启示[J].教育研究，2004（6）：56—61.

[5] 龚静，侯长林，张新婷.深度学习的生发逻辑、教学模型与实践路径[J].现代远程教育研究，2020，32（5）：46—51.

[6] 麦克·格尔森.如何在课堂中使用讨论：引导学生讨论式学习的60种课堂活动[M].王瑜，刘白玉，译.北京：中国青年出版社，2019.

基于整体育人观的高质量课后服务课程建设

◎ 胡华春 / 江苏省常熟市常清中学

摘　要　以整体育人价值为导向的高质量课后服务课程建设需要厘清学校课后服务课程的育人目标，设计课后服务融合的课程体系，反哺教师专业发展和关注多元协同参与。课后服务课程建设从加强课程理论学习、系统规划课程体系、加强教研机制建设、整合课后服务资源和规范课后服务评价五个方面进行实践，保证高质量课后服务课程建设的顺利推进。

关键词　整体育人　课后服务　课程建设

2023 年 9 月，习近平总书记首次提出并深刻阐释了中国特有的教育家精神，赋予了新时代人民教师崇高使命，对推进教育高质量发展具有十分重要的理论价值和实践意义。因此，要大力弘扬教育家精神，更新教育理念，提升启智润心、因材施教的育人智慧，丰富教育实践。《关于进一步减轻义务教育阶段学生作业负担和校外培训负担的意见》将课后服务作为落实学生减负的重要举措，要求"提升学校课后服务水平，满足学生多样化需求"。当前课后服务的教育功能与正常的教育教学活动融合还不够深，课后服务课程与学生日益增加的高质量、多样化的需求依然存在矛盾。课后服务课程化是有效落实国家课后服务政策的内在要求。因此，广大教师要充分发挥育人智慧，以高质量的课程为载体推进课后服务，来实现课程整体育人，提升课后服务质量、减轻学生负担，真正让每个学生都有人生出彩的机会。

一、课后服务课程建设必须追求课程整体育人价值

课程是课后服务的载体，以整体、系统、标准的内在属性为课后服务划定了育人框架。课程整体育人以"无边界教育"理念为理论基础，强调课程要突破传统的、封闭的育人时空，以学生为中心向外不断再造学习空间，突破原有的学习场域，将课内向课后纵向延伸、学科向实践横向拓展、个性发展与"五育"并举的深度融合，实现课程的整体性与生命的整体性相统一。

（一）课后服务课程整体育人是打破学科界限发展素养的需要

课后服务课程重视学生的个性发展和多样需求，关注学生的沉浸式实践体验。学生通过参与认知性实践活动，在具身实践中对客观的知识符号与自身的主观经验不断联系加工，从而通过实践体验加强对知识的具象化理解。通过跨学科实践，将知识和技能置于问题情境中，将经验统整到意义系统中，能弥补学科课程的固有局限，有利于培养和发展学生的核心素养。

（二）课后服务课程整体育人是实现全员育人的需要

课后服务课程由于其丰富性和多元化，必然要求多元主体参与，不仅要全体教师参与，还要更多地吸纳家庭和社会的教育力量参与，拓展更宽泛的学习空间，为学生提供全方位的教育支持，实现全员育人、整体育人。

（三）课后服务课程整体育人是催生良好教育生态的需要

"双减"政策的出台，就是要优化整体教育生态，切实减轻学生过重的学业负担。从学校内部治理来看，只有让课后服务走向课程育人，让学生根据自身兴趣和需求选择符合自身发展的课程，实现"五育"融合与人人有发展，才能提高课程育人的质量，切实减轻学生与家长的焦虑情绪和相互内卷。

二、高质量课后服务课程建设的路径

"双减"工作是社会持续关注的焦点，如何通过提高课后服务质量达到减负增效

提质成为"双减"政策落地的关键。课后服务是学校、家庭、社会多元协同的系统工程，但服务主体是学校，学校只有通过多元化的系统课程体系来满足学生的需求，才能真正落实国家课后服务政策和提升课后服务质量。因此，要着力建设具有整体育人价值的高质量课后服务课程体系。

（一）基于完整的人，厘清课后服务课程的育人目标

明确的育人目标是学校课后服务课程建设的逻辑起点，课程建设必须关注整体的人，关注学生需求，结合学校校情和课程理念提炼出课后服务的育人目标。课后服务课程既要坚持常规课程"五育"并举的发展目标，还要关注学生的个性特征和多元需求，建构学生全面发展、个性发展与和谐发展的三维样态。课后服务课程要在课内课程的薄弱处发力，只有补齐课内课程不能兼顾个性和多元的短板，才能凸显课后服务课程的整体育人价值。

（二）立足校本实际，设计课后服务融合的课程体系

刘登珲等认为，要基于清晰、明确的课后服务课程的育人目标来构建层次分明、覆盖全面、指向明确的课程结构体系，以此来强化学科协同、优化资源配置。一是利用课后服务课程对国家、地方、学校三级课程进行适度补充，同时删除课程之间的重复内容，进一步减轻学生的负担。二是利用课后服务课程开展国家课程在课内难以实现的项目式等综合实践活动，充分发挥课后服务可以拉长时间战线的优势，使课程之间充分衔接融合。三是关注学习

空间拓展，再造校内学习空间，充分挖掘校内的育人元素，还要开发丰富的校外课程资源，通过"课后服务+"的模式，实现基地、场馆、社区育人。

（三）反哺教师发展，激发课后服务课程的建设活力

教师专业素养是课后服务课程开发和实施的关键要素，直接影响课程内容及设计的育人价值，也影响课程的实施效果。反之，课程开发和实施的过程又会促进教师专业能力的提高，反哺教师专业发展。当教师在自己的领域向外延伸的时候，需要学习更多有关课程建设和学科拓展的知识；教师在开展课后服务的过程中，会锻炼自身驾驭课堂的实践能力。因此，通过课程设计和教师发展的循环促进，能激发全体教师投入课后服务课程建设的活力。

（四）凝聚多方合力，促进课后服务课程的多元协同

提供课后服务的主体是学校，但是课后服务的课程多元化导致学校师资、课程内容和教学场馆不能完全满足学生个性化的需求。因此，学校必须寻求对作为主体的学校资源的有利补充资源，建立课后服务多元参与机制，实现课后服务主体与补充的协同参与。充分利用校外场馆，加强校内外教育空间再造；邀请学生家长或领域专家进校园，增强学校与家庭、科研院所等联系，补齐校内专业课程不足的短板。

三、基于整体育人的学校课后服务课程建设实践

《义务教育课程方案（2022年版）》明确规定："各地各校要统筹课内外学习安排，有效利用课后服务时间，创造条件开展体育锻炼、艺术活动、科学探究、班团队活动、劳动与社会实践等，发展学生特长。"因此，将课内与课外学习活动进行一体化设计，积极探索高质量课后服务课程建设，才能发挥课后服务的整体育人价值。

（一）加强课程理论学习，提升课程建设的领导力和执行力

无论是作为学校课程规划的引领者，还是作为课程开发和应用的执行者，都应该具有系统的课程理论知识，形成整合、生成、实践的课后服务课程观。作为校长，应当具有卓越的课程领导力，从学校全局对课后服务课程进行系统规划，将课后服务课程有机融入学校课程体系，发挥高质量课后服务课程的独特育人价值。作为教师，应当具有优秀的课程设计和执行能力，在领悟学校课程建设理念的基础上，设计相应的符合学校要求的课程，借助课后服务课程培养学生的必备品格、关键能力。然而，教师往往有较强的学科教学能力，但是对课后服务课程设计的高层次能力较为欠缺。为此，学校进行课程理论知识全员培训，切实提高课程设计与建设的理论素养；组织教育教学骨干外出实地考察，学习各地各校课后服务课程建设的优秀做法，切实提升教师课程建设的政策理解力和执行力。

（二）系统规划课程体系，实现课后服务课程的整体育人目标

学校课程体系具有系统性和整体性，是学校育人目标的可视化架构。将课后服

务课程纳入学校课程体系，对课内课程和课后服务课程进行整体规划和系统设计，形成系统完整的学校课程体系。因此，学校应建设面向全体、关注个性、重视基础、凸显优势的课内课外一体化课程体系，坚持"五育"并举，合理设置体育、艺术、劳动、科技等课程内容，为学生提供基础性、自主性和个性化的发展平台。从学科学习角度，学校开设了基础补习、作业辅导、学科竞赛三类课后服务课程；从学科实践角度，依托学校课程实践基地，开设了项目式学习等综合实践活动课程；从素质拓展角度，开设了为各级各类比赛服务的艺术、体育、科技、拔尖创新人才培养等社团课程；从学生兴趣角度，让学生充分感受学校生活的乐趣，开设了阅读、电影、手工、书法、饮食文化等入门级课程。课程之间是可以动态转化的，当入门级课程修完后，可以进入比赛级的社团进一步进行素质拓展，以实现整体课程课内与课后的统筹设置。课后服务课程通过模块化的大任务、大项目形式进行走班制的学习，有效拓展了学习空间，实现了课程整体育人。

（三）加强教研机制建设，增强课后服务课程实施动能

教师是高质量课程建设的主体。教师的专业素养决定了课程资源的识别范围、开发和利用的深度与广度。只有不断提高教师的专业素养，增强教师的课程建设能力，才能有效推动课后服务课程的高质量建设。一是引导教师将课后服务课程建设作为促进自身专业发展的有利契机，激发

教师自我发展的内驱力。"双减"背景下的课后服务课程建设，要求教师深刻理解减负与提质增效的深刻内涵和联系，重视跨学科综合实践活动的教学研究，在学生减负的前提下，将项目式学习由课内延伸到课后，真正发展学生的核心素养；对体育、艺术、科技、劳动等学科教师而言，课后延时服务课程为他们提供了更广阔的专业展示平台，比如竞技类的体育社团、竞赛类的科技社团和艺术社团，促进教师对"五育"融合的理解。二是加强教研机制建设，让教师成为教研的主角，增强课后服务课程实施的动能。学校成立"教师发展共同体""博雅君子四有好教师团队"等，使教师从个体变为集体，为各学科教师搭建交流互助平台，促进教师跨学科开展教研活动，形成共同发展的美好愿景；积极开展主题式教研活动，将课后服务纳入常规教研，在听评课的基础上，引导教师加强教学活动反思，提高课后服务课程的有效性；通过微型课题研究实践，提升教师的研究能力和素养，解决教育教学过程中的真问题，实现课后服务实践问题解决与教师专业发展的双重目标。

（四）整合课后服务资源，凝聚课后服务协同育人合力

学校是课后服务的主阵地，应当因校制宜、因人制宜地整合校内外人力、物力等有利于课后服务工作开展和学生成长发展的课程资源。从学习空间的拓展来看，学校根据课程主题与实践要求，既充分挖掘已有校内空间潜力，又对校内空间进行合理再造；既灵活用好校内的专用教室和

场馆，又将学习空间拓展到校外的博物馆、科技馆、高校实验室等实践基地。从师资与技术角度来看，学校在充分调研校内教师开展课后服务课程建设的水平以及学生的课后服务需求后，在校内教师应开尽开课后服务课程对应学生需求不足的情况下，合理聘请退休教师、家长志愿者、具备资质的社会专业人士等入校开设讲座、社团以及科技活动，同时安排相关教师跟岗学习，丰富本校师资。

（五）规范课后服务评价，助推课后服务育人质量提升

学校坚持科学的整体育人评价观，建立多维的课后服务课程评价指标，主张多方参与多元评价，助推高质量课后服务课程的有效推进。首先，学校组织专家对课后服务活动方案进行整体论证和审查，主要是看课后服务规划方案、课后服务课程建设方案、课程内容和学习活动方案是否规范、系统、可行，是否符合学生的身心发展和核心素养发展的要求。其次，学校组织教科室对课程实施进行过程性管理和评价，对教师进行结课汇报展示，对家长和学生进行满意度问卷调查；学校将有关社团的总结性评价与其参与各级各类竞赛获奖的名次挂钩，关注拔尖人才和特长学生培养的效果。最后，学校根据教师的课程服务意识、参与课后服务的态度以及投入程度、学生的提高度等对教师进行课后服务质量评价。

四、思考

课后服务课程化是学校全员、全程、全方位育人的必然要求。构建富有整体育人价值的高质量课后服务课程体系，满足学生顺应新时代个体发展的要求，才能更好地满足人民群众日益增长的对优质而公平的教育的需求。

课后服务课程要从补充延伸转向融合共生，自上而下地融入学校课程体系，成为学校课程体系的有机组成部分，体现课后服务的课程意义和无边界整体育人观。将项目式等跨学科综合实践活动融入课后服务课程实施过程中，优化学校的课程格局；把课后服务课程与学校特色相结合，烙上特有的学校文化印记，实现特色课程育人价值。

课后服务课程的评价与管理面临瓶颈，导致课后服务课程的质量与目标存在差距。校情的千差万别导致各校的课程规划方案、课程实施方案、课程资源水平参差不齐，再加上课后服务课程往往是不同于常规课程的实践性和兴趣类活动，不便于通过常规的测试来进行质量评价，导致无法建立统一的评价标准和管理标准。因此，应建设基于校情的课后服务课程管理和评价体系，完善教师授课的奖励机制，反向助推教师提高课后服务质量。

【作者简介】胡华春，男，江苏省常熟市常清中学党支部书记、校长。

（下转第65页）

"一个经验"关照下的创意写作场：培育儿童语文创新思维

◎ 高　洁 / 江苏省南京市中央路小学

摘　要　相较于以往的创意写作，"创意写作场"是儿童知识学习建构完整的"一个经验"的学习方式，旨在培养符合新时代人才发展的创新创造意识，以及与之匹配的思维和能力。首先，儿童要有创新创造的正确意识，敢于创造、乐于创造；其次，要培养儿童创新创造的思维与能力，能发现不同，找到创新思维方式；最后，通过三种实践路径整体建构立体化、全场景、浸润式的儿童创意写作场，观照并呼应时代热点和小学语文习作教学的重难点。

关键词　创意写作场　"一个经验"　儿童　创新思维

党的二十大强调要加快实施创新驱动发展战略，要求必须高度重视拔尖创新人才培养。在新时代教育数字化背景下，拔尖创新人才的早期发现与培养首先就是要培养儿童的创新思维。《义务教育语文课程标准（2022 年版）》（以下简称"新课标"）要求学生"观察、感受自然与社会，表达自己独特的体验与思考，尝试创作文学作品"[1]，其中尤其强调"创意"。《现代汉语词典（第 7 版）》对"创意"一词的释义是"有创造性的想法、构思等"，强调表达的创造性、批判性。

"创意写作场"，是一种立体的、全场景、浸润式的儿童写作观。相较于以往的创意写作，创意写作场指向杜威关于"一个经验"的观点。经验，是有机体与环境的交互作用，是反思前的原初经验和理性化的反省经验的统一。[2]"一个经验"特别强调经验建构的完整性，内容上应当是认知与非认知的整合，过程上必须走完历程，境界上必须体现审美性，如"呼吸一样具有内在的和谐美"[3]。"一个经验"与培育创新思维的内在要求意蕴相通。指向"一个经验"，建构完整的儿童创意写作场，创设立体的学习情境和任务，引导积极的学科实践，尤其需要结合新时代背景，以全新的创新思维视角转"教"为"学"，面向未来儿童发展的迫切需求，将读写整合融通，打造儿童喜闻乐见的写作形式，尊重个性差异，促使学生积极思考、主动创作，使学生能在写作中展现自我，发展个性，形成独特风格，整体架构整个习作教学，综合促进儿童习作素养提升，为始终保持好奇心和探索欲，不断追求新知、提升自我打下基础。

一、价值辨识："一个经验"的教学意蕴

儿童创意写作场的建构，第一位就是要在意识层面，也就是价值观层面，对"创意写作"这一话题有准确、全面、积极的再辨识，在已有经验上建立新的认知经验，引领儿童和教师树立符合新时代的儿童写作价值观，找到语文写作的学科价值。

（一）审视：创意写作场呼唤清醒的价值观

"创意"两个字如何真正落地？审视以往的习作教学，很大程度上是教师讲、学生听、听完写，长此以往，学生难免失去写作兴趣；学生在写作前，往往缺少相应的阅读积累，导致相应语言匮乏；习作与学生的生活脱节，没有能力写好。当下小学语文教学中，"创意写作"这一话题方兴未艾。然而现有的创意写作能否避免以上问题，值得反思。现有的创意写作大多希望儿童能"与众不同、有新鲜感"，找到新名词来表达；或者让儿童一味想象，在童话等编写中表达创意。然而冷静思考：是否一味追求"与众不同""特立独行"，就叫创新？让儿童写出一篇漫无边际的想象文章就是创意？"热闹"背后，需要审视：创意写作不应仅在于一味地求新、求异，而是需要与新时代发展儿童观结合起来，发展儿童创新思维。在创意写作场中，创新

创造的意识可以迁移到语文之外的其他学科、儿童做事做人及其未来经验中，这种全新的儿童创意写作观具有可迁移性。

（二）凝视：创意写作场的价值意蕴

考夫卡等人的场域理论认为，立体、多元的场域能影响人的言语特点、表达方式，从而影响和促进人的言语实践中的思维和能力水平。[4]儿童创意写作场以全新的创造性教学视角，基于现实，面向未来，旨在帮助儿童获得符合新时代人才发展的一个完整经验，包括创新创造意识、与之匹配的创造性思维和创新能力，对培养拔尖创新人才起到关联和促进作用。

第一步，在创意写作场中，儿童要有创新创造的正确意识，儿童应处于一种对自我内心深处的感受和想法进行梳理整合、充分释放和创新创造的过程，在关注创新创造意识的基础上，在时空、信息、认知、行动及心理等多个不同范畴唤醒学生写作的自觉性、主动性和创造性，让儿童沉浸在横向与纵向贯通的写作场域中，有立体化理解，敢于创造、乐于创造、善于创造。第二步，通过全场景观照培养儿童创新创造的思维与能力，能发现不同，找到创新表达的方法。创意写作场中的"创意"，其意蕴并非纯粹地追求"创造性"，而是更为强调表达的发现性、批判性、解构性，即用自己的语言表达独特的自我思维。第三步，在浸润式联结的创新实践中形成创意写作的能力与方法，实现写作素养的自我塑造，使儿童获得创意写作的完整"一个经验"，在螺旋上升和逐层递进的场域中，让儿童充分展现、体验，实现文化与人、

人与人、人与环境、人与生活的不同视域的完整重构。

二、特质澄清："一个经验"的独特所在

写作是一种思维方式，更是思维的外化。儿童创意写作场的建构，第二位就是要培养符合新时代发展要求的儿童创新思维方式。而"一个经验"的学习有利于学习者完整地经历创意写作的过程，这个经历是"思维的爬坡"，是观念的重新组织，是思维和情感激活后的思维外显性表达，需要通过符合创新学习活动的发现、批判、解构思维品质的培养来实现。

（一）从既定性思维转向发现性思维

既定性思维是一种量化思维，带着既定性思维的儿童写作往往局限于既定的认知框架内，难以形成对单纯知性思维和既定写作框架的实质性突破。而发现性思维是一种在观察的基础上有意识地探究和思考的能力，具有流畅性、变通性、独特性。[5]发现是为了发现先前隐藏的、未知的经验。儿童创意写作场旨在破除以既定的结论为导向输出及儿童接受的流程规限，重视引导儿童在写作中发现和解决问题，带着探究精神参与发现并提出问题，对写作充满期待，再带着这种发现回归生活，再次发现更多有价值的话题及问题，助力创意写作。

（二）从海绵性思维转向批判性思维

海绵性思维强调尽可能多地获取信息和对内容的记忆与理解，然而不同的认知框架之间没有内在打通和跨界，对问题的解决思路可能来源于偶然的知识联想而不是慎重判断，缺乏深入思考或质疑。而批判性思维不是为了批判而批判，而是通过分析和评估做出更好的判断。小学生的年龄特点决定了其批判性思维的培养需要依托创意写作场营造的立体化、操作性、趣味性和互动性强的活动和任务，彰显儿童面对复杂问题的写作素养。

（三）从结构化思维转向解构化思维

结构化思维主张从多个角度分析原因，建构事物结构，得出事物的客观规律。但过分强调结构化思维的儿童写作，容易使儿童陷入教条和固化的思维习惯。而解构化思维则是对已有认知的分解结构及再创新和重组。指向解构性思维的儿童创意写作场，关注对已有写作规则的质疑并发起挑战，旨在培养儿童冒险与创新的能力，还可以通过参与创新项目和团队，借助资源，共享经验，激发创新的火花。从结构化思维转向解构化思维，实现创意写作的全新塑造，使儿童在充满挑战性的写作过程中达到理想状态，形成美的高峰体现。

三、实践建构："一个经验"的有效生成

创新思维视角下的儿童创意写作场，在聚焦儿童的能力与方法上，需要从立体化、全场景和浸润式写作场的构建实现"转向"，综合探索儿童创意写作场，培养儿童写作素养，最终塑造创新情感和品质。

（一）立体化解读：研读教材，驱动思维沉浸

1. 抓关键字词，释放思维潜力

儿童创意写作不应单纯地求新、求异。立体化的创意写作场首先是语言守正基础上的创新。新课标在课程总目标中明确指出，

应"主动积累、梳理基本的语言材料和语言经验，逐步形成良好的语感"[6]。要想推动学生思维发展，就要从教材的语言文字入手，深度研读，聚焦习作表达，唤醒学生写作的自觉性、主动性和创造性，感知语言文字的细微差异，让儿童沉浸在语言文字营造的写作场域中，内化语言，释放思维潜力。如部编版语文五年级下册第五单元《人物描写一组》中包含《摔跤》《他像一棵挺脱的树》《两茎灯草》三个片段，全部指向"学习描写人物的基本方法"，但又各有差异：《摔跤》中抓住"猴儿似的""钩"等，用独特的表达展现小嘎子摔跤动作的敏捷及反应灵敏；《他像一棵挺脱的树》引导学生聚焦"直硬的背""宽而威严的肩""'出号'的大脚"等，感受作者创意的人物描写表达；《两茎灯草》则关注动作描写中的一连串动词，如"把手从被单里拿出来，伸着两个指头"以及"点一点头，把手垂下"，感受作者通过代表性的事例让描写更立体、更有深意，感受描写人物差异化、多元化的创意思维，让写作立体起来。在此基础上进行"小嘎子二三事""如果严监生在现代"创意写作，实现"输入—内化—输出"立体化的学习迁移。学生通过阅读、理解，实现语言意义建构。通过不同角度的创新学习，关注文本本身的写作创新点，释放思维潜力。

2. 回顾独特经验，激发思维活力

儿童不是一张白纸。美国学者埃里克·詹森等认为学习就是"预备与激活先期知识"的过程，以"船与锚的联结"来说明与经验联系的过程和重要性。船为新知识，锚为经验，有了经验的锚，新知识

的船才能稳固。[7]这样一种基于儿童经验的探索过程，恰恰是提升学生写作动力的基石。从回顾其个性化的经验入手，让写作从独白走向立体、多方的对话，碰撞出更多的创意、思想和需求，激发思维活力，避免单一命题或放手随意而勉强写作的尴尬与困境。三年级上册第四单元是阅读策略单元，在教学《总也倒不了的老屋》时，当预测与故事发展有些不一样时，驻足停留，引导学生思考他的预测和原文里写的有哪些相同和不同的地方。让"预测小达人"进行头脑风暴式交流：在我的生活中，我都遇到过什么人、什么事？我家的屋子都有什么？及时调整，用联系式思维、补充式思维去思考。二年级下册的《我是一只小虫子》，从小虫子的视角观察世界、感受生活，别人都说当一只小虫子不好，而"我"却觉得还真不错。学生结合自己个性化的经验多角度思考，进入"小虫子的分享会"，从一只小昆虫的视角，以"我是一只……我遇到了……"写一写自己的生活，可以写遇到的危险，也可以写快乐的生活，再结合学生个性化经验：假如爬到柳条上呢？跳到小朋友背包上呢？或者其他地方呢？通过层层勾连与递进，驱动思维沉浸在已有经验与创新表达的连接之中，实现对学生创新思维能力的激活。

（二）全场景激励：多元互动情境，引发思维创新

1. 创意实践，拓宽思维角度

新课标指出要引导"积极观察、感知生活，发展联想和想象，激发创造潜能"[8]。在创意写作场中，创设多元互动情景化的场

景，让学生变身"小小创意实践者"，进行多元化的体验，如结合五年级下册《手指》开展"五官大比拼"，通过做一做、说一说、比一比，让学生敢于创造、乐于创造，在实践中实现思维的可视化。教师需要重点引导学生关注当下在写作话题选取上的创新点，鼓励自主选取时关注话题的丰富性、争议性、空间性等，触及学生多种多样的兴趣点、关注点，如对儿童的自然世界、生活世界、文字世界、影视世界、遥远的世界、想象的世界、秘密的世界等写作话题板块多进行实践创新活动。教师需要启发学生从已有的生活经验和场景出发，引导与帮助学生找到深层的、多样化的写作方式，优化学生写作思维。

2. 创意点评，交互思维对话

学习应是一种澄澈明亮的对话。从独白迈向分享的儿童创意写作场，不仅是与自己对话，还应与周围互动，通过做"小小创意点评师"，在师生对话、生生对话、生本对话、自我对话中关注学生思维的交互生长，为学生的写作打开多种可能。如六年级上册习作七《我的拿手好戏》中通过"先演再评"的方式，从"他的高光时刻"视频到"现场才艺秀"展示，在交流点评中明确拿手好戏的特点，再围绕"我的名片秀"进行点评。另外，通过创意点评还可以加深学生对写作语句、标点使用的准确把握、创意解读。如"我辣得像小狗喘气一样"，可以在创意点评中互相启发："能想到比喻方式很好！这样的说法合适吗？有更合适的吗？"同伴提出修改意见，在反复对话中，学生写作素养将逐步进阶。还可以组织学生做导师进行点评、

随机式提问与点评、一人点评后他人接龙的漂流式评改，对同主题的话题进行"主题分享"等，在生生对话、同主题的写作中加强分享。创意写作不再仅仅是寻找信息，而是需要学生调用已有实践经验，知道如何挑选信息、安置信息、讨论其恰当性等。教师则陪伴学生，和学生一起进步，并且给予建议和鼓励，灵活地向学生指出哪里需要改进，并且适时提供引导，帮助学生完成知识的自我建构。

（三）浸润式创联：巧融项目贯通，促进思维提升

1. 主题创写

安德烈·焦尔当在《学习的本质》中说："学习者不是单纯的'参与者'，而是他所学知识的创造者。"[9]浸润式创意写作场要关注写作活动的延展性、手段多样性。在现实的、有意义的、富有挑战的主题式创写项目中，将创意写作与学生现实世界结合起来，为学生提供读写融通的浸润式创意写作场，实现对学生创新思维和创新能力的培塑。如结合学生日常生活中都能接触到的菜单，设计"我们家的菜单"主题创写项目，从读菜名、识菜史、创菜单、荐菜单等角度，多视角研读，到"写一份我的菜单推荐信"，催生更丰富的创意写作。在真实而富有意义的语言实践项目中获得创意写作策略，引导学生充分经历观察、猜想、验证、推理探索等过程，获得参与写作的历程感，使得表达更具靶向性、更富活力，从而发展写作的创新思维。

2. 跨学科研学

在建构浸润式创意写作场中引入跨学科研学项目，旨在打破原有语文写作壁垒，

解构现有的结构化写作策略，在重建更具挑战与创新的项目中，引导学生经历"做事"的过程，发现问题，提升分析问题、解决问题的能力。如在小学低年级设计"种子的旅行"项目，学生沉浸在"广泛阅读，学习种植""洒下种子，制订计划""悉心呵护，具身观察""收获快乐，汇报展示"等跨学科的融通活动中，通过"设计种子广播员介绍词""写种子观察员日记"等创意写作任务，引导学生调动已有经验，通过实景式的体验和参与完成挑战。再如结合学生日常游戏设计"童话城堡里的小游戏"项目，学生组建创意小组，在撰写研究报告、演示文稿中"知游戏"，在设计推荐语、创意视频脚本中"玩游戏"，在合作推荐玩法、创意游戏PK赛中"创游戏"等。这些创意写作内容蕴含在整个跨学科研学项目中，不仅体现了学生言语上的应用和创新，还展现了他们在知识整合、团队协作、问题解决等方面的综合思维能力。儿童创意写作的边界被打开并逐步延伸和深入，儿童思维能力在不断提升。

立体化、全场景、浸润式的创意写作场，是儿童知识学习建构完整的"一个经验"的学习方式。引导儿童适应复杂社会，涵育儿童面向未来需要的创新思维，生成思维的连续性，把写作与儿童融合在一起，使儿童创新思维焕发新的生命力。

[本文系江苏省南京市中小学教学研究第十三期个人课题"增进言语智慧：小学语文'交互式写作'的创新实践研究"（编号：Bb4914）、2022年度江苏省教育科学规划重点课题"聚焦核心问题的小学语文'小研究学习'迭代研究"（编号：B/2022/03/40）的阶段性研究成果。]

【作者简介】高洁，女，江苏省南京市中央路小学副校长，一级教师。

参考文献

[1][6][8] 中华人民共和国教育部.义务教育语文课程标准（2022年版）[M].北京：北京师范大学出版社，2022.

[2] 约翰·杜威.艺术即经验[M].高建平，译.北京：商务印书馆，2017.

[3] 杨九俊，王彦明，刘玮，等.新课堂"怎么办"——关于课堂教学难点问题的回应[M].南京：江苏凤凰教育出版社，2024.

[4] 库尔特·考夫卡.格式塔心理学原理[M].李维，译.北京：北京大学出版社，2010.

[5] 约翰·杜威.我们如何思维[M].伍中友，译.北京：新华出版社，2015.

[7] 詹森，尼克森.深度学习的7种有力策略[M].温暖，译.上海：华东师范大学出版社，2010.

[9] 安德烈·焦尔当.学习的本质[M].杭零，译.上海：华东师范大学出版社，2015.

可汗教学法

——关于教学方法的探索与创新之十八

◎ 周成平 / 江苏第二师范学院

2011 年 3 月，孟加拉裔美国人萨尔曼·可汗在 TED（技术、娱乐、设计）大会上介绍了可汗学院的成长故事和可汗教学法，产生了巨大的轰动效应。演讲结束时，主持人比尔·盖茨走上前去，紧紧抓住他的手说："太好了！这真的很神奇，我认为你预见了教育的未来。"由此，萨尔曼·可汗成为举世闻名的公众人物，可汗学院、可汗教学法成为风靡全球的教育热词。

说起来也很有意思，可汗教学法的诞生也许是一种偶然。2004 年，可汗的亲戚纳迪亚遇到了数学难题向可汗求助。可汗通过雅虎通的聊天软件、互动写字板和电话，帮她解答了所有问题，为了让她听明白，可汗尽量说得浅显易懂。稍后，他的侄子、外甥、外甥女也来讨教。可汗索性把自己的数学辅导材料制作成视频，放到油管网站上，向更多的人分享。后来，可汗从小学数学到高中的微积分，再到大学的高等数学，统统讲了个遍，共计制作了 4800 多个视频。这些视频在互联网上获得了极大的成功，点击率接近 5 亿，萨尔曼·可汗俨然成为"数学教父"。2007 年，可汗注册了非营利性的可汗学院网站，用视频讲解不同科目的内容，并解答网友提出的问题。他有意识地把每段视频的长度控制在 10 分钟之内，以便网友有耐心理解、消化。没想到，可汗学院的视频很快就受到了成千上万网友的热捧。

从可汗学院及其教学视频中，我们发现可汗教学法具有以下五个突出的特点：

一是在线式精讲。可汗从一开始辅导他人学习就是通过网络等现代媒体手段进行的，而且视频画面上一般只呈现学习的内容，而不出现那种已有的在线教育以授课教师摇头晃脑、喋喋不休讲课的大头像为主的授课画面，不是那种传统教室授课形式在网络教学中的移植或翻版，因而可说是一种全新的在线学习形式。学生只要有手机或电脑及网络环境就可以随时随地开展学习活动。可汗的教学视频中根本没有人，只有一块写字板，上面有一堆文字、数字、公式等，偶尔配上一些颜色鲜艳的线条。但是，你可以听到可汗清晰的旁白，听到他简明扼要、通俗易懂的"精讲"。由此看来，有人称其教学法为"精准教学法"，是不无道理的。

二是碎片化视频。可汗制作的学习视频打破了学校传统授课制的固有陈规，把一门课程的知识体系分成若干个较小的段落，再将它们依次拍成可供学习者学习的视频，每段视频长度为 10 分钟左右，由此形成了碎片化的特点，以方便学习者的学习。可汗学院的视频教程领域也在不断扩大，从数学的基础核心课程——算术、几何、代数、微积分，到物理、生物、化学、医学、艺术、金融、历史等。据报载，美国佛罗里达大学新生妮科尔·尼西姆被三角几何学困住时，她没有去请教老师或同学，而是在油管网站上找了一段可汗讲解三角几何学的视频，反复看了几遍，问题就迎刃而解了。整个过程既方便又快捷，而且没花她一分钱。

三是自主的学习。进入 21 世纪以来，自主式学习的潮流风靡全球，但在以学校授课制为中心的课堂上想要实现真正的自主式学习并非易事。而在可汗展示的案例中，一名男子就在可汗学院的帮助下获得了电子工程的学位。他坦言反复看了二三十遍视频才理解了高等数学概念，他指出没有任何一个教师会坐在他的身边不厌其烦地将同一个问题重复讲二三十遍。可汗学院创造了真正自主的学习！

四是愉悦的学习。到可汗学院来学习的人们，有功课遇到困难的学生，有想从这里得到启发的教师，还有特地就某个问题前来求教的人。大家总是充满期待而来，满载收获而归。学习在这里不再是外在的负担，而是一种发自内心的追求与向往，因而学习者获得心灵上的愉悦是必然的。

五是颠倒的课堂。美国许多州、县地区进入可汗学院学习的中小学学生已经出现这样的情形：晚上在家看视频，学习新知识；白天到校听辅导，完成课堂作业。这彻底颠覆了传统的学习与教育的流程，"翻转课堂"之说应运而生。由此可见可汗学院的影响与魅力！

比尔·盖茨曾经这样评价萨尔曼·可汗："他是一个先锋，他借助技术手段，帮助大众获取知识、认清自己的位置，这简直引领了一场革命！"笔者十分赞同这样的观点：可汗教学法堪称 21 世纪"学习的革命"的杰出代表。

【作者简介】周成平，男，江苏第二师范学院教授。

（上接第 57 页）

参考文献

[1] 中华人民共和国教育部.义务教育课程方案（2022 年版）[M].北京：北京师范大学出版社，2022.

[2] 熊晴，朱德全.学校课后服务走向课程育人：何以可能与如何可为 [J].教育科学，2024，40（1）：22—28.

[3] 晋银峰.中小学课后服务质量评价体系构建：意蕴、依据与维度 [J].教育理论与实践，2024，44（14）：12—16.

[4] 刘登珲，卞冰冰.中小学课后服务的"课程化"进路 [J].中国教育学刊，2021（12）：11—15.

中学课堂"五环节问题导学"教学模式的建构与实践

◎ 朱效生 / 江苏省上冈高级中学

摘　要　本文旨在探讨中学课堂"五环节问题导学"教学模式的建构与实践。该教学模式基于问题驱动,通过问题揭示、自主学习、合作探究、精讲点拨与当堂巩固五个环节的有机结合,激发学生的学习兴趣,培养学生自主学习和解决问题的能力。在这一教学模式的实践运用过程中,教师通过问题导向、教中求变、教中求新,采取灵活多样的教学方法,构建平等和谐的新型师生关系,让学生真正成为学习的主人。

关键词　中学课堂　"五环节问题导学"　教学模式　建构与实践

随着国家新课程改革的逐步深入,改变传统的、被动的、灌输式的教学模式为自觉的、主动的教学模式已经成为广大教育工作者的共识;倡导新的学习方式,培养学生的学习主动性,发挥学生的主体性作用,教会学生学会学习,是新课程改革的核心和关键环节。我们提出中学课堂"五环节问题导学"课堂模式的构建与实践,就是在此基础上的课堂淬炼。这一模式的实践运用有利于推进当前的课堂教学改革,培养学生的能动性和创造性,使学生真正成为学习的主人。

一、"五环节问题导学"的基本内涵

"五环节问题导学"课堂教学模式是一种以问题学习为中心,以问题发现、问题生成、问题解决为主线,以师生围绕问题共同开展自主、合作探究学习为主要学习方式的高效课堂教学模式。它通过教学内容和教学目标的问题化,建构问题及其学习情境;通过以问题为中心的导引与导学活动的设计和实施,让师生围绕问题开展自主合作探究学习;通过问题的解决达成知识的自我建构、能力的自我培养、价值观的自我确立。

"五环节问题导学"中的问题是指师生在对文本知识进行结构化学习、对课程内容做出结构化分析的过程中所产生的需要研究讨论并加以解决的矛盾、疑难点,这些矛盾、疑难点与课程要求、教学需要以及教师课前的教学目标预设相融合，就形成了课堂师导与生学的问题。

问题的发现和生成的源泉是学生的学习需求，学生有惑而疑，有疑则问，发问成题，同时问有规则，题有方向。一是必须围绕课程标准和学习目标这一根本要求，二是生发于学生对文本结构化学习后的个性化理解和智能发展需求，三是师生在共同探究过程中思维碰撞闪现的火花。

这里的导学，就是以问题为中心的导与学的课堂活动过程。导不仅仅是引导，还包括督导之意。学是指学生在整个学习过程中的问题发现与生成、讨论与分析、探究与解决、过程合作与互助、结果反馈与交流、知识迁移与巩固等系列学习活动。"五环节问题导学"内涵的根本点在于运用问题引导、推动、促进学生自主、合作、探究学习，以解决学习的疑难困惑，是问题教学思想与教师导学思想的深度融合。

二、"五环节问题导学"的理论依据

"五环节问题导学"的理论依据一是建构主义教育观。建构主义认为，知识不是通过教师传授得到，而是学习者在一定的情境下，借助他人和学习材料的帮助，通过自我建构的方式而获得。教师在学生知识的自我建构中只是一个帮助者、促进者，而不是知识的传授者与灌输者。

二是马赫穆托夫的问题教学论。问题教学的重要研究者、苏联教学论专家马赫穆托夫曾指出，问题教学的本质通常包含以下三个方面：其一是教师引导学生发现问题和解决问题的过程；其二是侧重学生

的相对独立性，强调学生在教师引导下学习的自主性；其三是强调学习的创造性。"五环节问题导学"就是以马赫穆托夫的问题教学论为教学法基础，让学生在整个学习过程中具有相对的独立性和自主性，通过预习产生疑惑、生成问题，并在教师整合或创设的问题情境中，根据教师的引导，以自主与合作的学习形式进行讨论，开展探究活动，然后达到解决问题的目的，同时在质疑和探索中激发出自己的创新潜能。

三是韩立福的有效教学法。韩立福的有效教学法指出：有效教学是指在教师指导下创建学习共同体，使学生学会自主合作探究学习，关注单位时间内的学习成效，全面实现课程目标，有效促进学生全面发展和教师专业成长的学习过程。其核心理念是以学为中心，先学后导，全面发展。在有效教学法视野下，问题导学的问题不仅来自教师结构化备课，更来自学生结构化学习。

三、"五环节问题导学"的基本流程

我们提出的"五环节问题导学"课堂教学模式的构想，正是基于上述理论而建构的。其主要教学流程如下：

环节之一：问题揭示

教师根据每节课的学习目标、学习内容设计问题或问题情境，让学生参与导学案的设计，师生共同确定学习目标。教师课前根据课程标准和实际教学要求，对文本知识进行结构化学习，对课程内容做出结构化分析，然后按照学生知识经验实际，预测学生课堂兴趣点、分歧点，从教的角

度围绕知识与技能、过程与方法、情感态度与价值观三个维度，将课堂教学内容和教学目标转化成问题或问题链，即预设问题。学生要在教师的指导下了解学习要求，借助相关助学资料对文本知识进行结构化课前预习，基本熟知课程内容，对课程内容做出简要的理解和分析，从个人学的角度，促进包括识记理解、分析综合、鉴赏评价、表达应用、探究推导、迁移运用等在内的各能力层级的问题生成。

环节之二：自主学习

学生自己研读材料，在课前学习的基础上，结合学习目标和基本要求，再次对新课的文本知识进行快速的自主学习和独立思考，将预习过程中产生的疑难困惑生成符合表述要求的个性化的学习问题，质疑解惑，引发深度思考。

环节之三：合作探究

学生在教师的指导下，以小组为单位，根据学习目标和具体要求，在小组内进行合作互助式探究学习，将在自主学习过程中各自产生的问题提出来，依靠小组协作和集体智慧进行分析研讨，使问题尽可能得以解决。在此过程中，教师采取巡视、点拨的方式，对各小组的学习过程组织、问题探究思路和解决方法加以针对性而非普适性的提醒、点拨。尤其要重点关注各小组合作探究学习的组织是否有序、有效，小组成员参与小组学习是否主动、积极，各小组的问题生成是否符合课程目标和教学要求，问题解决的思路、方法是否正确有效，等等。

在组内合作探究学习过程中，各小组仍然会有无法解决的问题，这就需要扩大助力范围，向组外借力。借力方式可以口头表述、书面转述、黑板板书和实物、投影等形式向其他小组提出，请求帮助解决。接受请求的小组通过研讨，形成较为完整、准确的解决问题的思路、过程和结果，可通过相应的形式或是一对一地予以帮助，或是面向全班同学展示该问题学习和解决的成果。教师在此过程中采取引导、启发的方式，对各小组求助的疑难问题，可以对其探究思路和解决方法略加提示、引导，忌越俎代庖；对其他小组帮助探究出来的问题解决思路、过程和结果要做补充、完善或纠正；对各小组忽略的但又是本课学习的重难点知识问题，再次补充一定的问题情境，引导组与组之间合作探究学习。

环节之四：精讲点拨

根据教学内容和要求以及学生合作探究中存在的重要问题或共性问题，重点讲解和点拨，帮助学生解决问题和困惑。

教师的主导作用是学生顺利完成学习目标和任务的关键。教师的主导作用主要体现在精讲点拨上。精讲点拨的方法一般有以下几种：一是助点，当学生思维活动因智力水平或努力程度不够而难以解决较为复杂的问题时，就需要教师助一臂之力。二是旁点，即教师不直接点明怎样思考，而是间接地点拨、旁敲侧击，让学生从旧知中孕育出新知，继而受到启发，展开联想，产生灵感，找到解决问题的路径。三是直点，即教师采用开门见山、一语点破的点拨方法，帮助学生越过语言和思维障碍，得到答案。四是辐点，即教师以某一教学内容为中心，进而引发与之相关或相同的教学内容，由点到面展开点拨。五是聚点，即教师为集中解决某一问题而由面到点、由此及彼进行点拨。

环节之五：当堂巩固

当各小组自我生成的问题和教师预设的问题通过生生之间、师生之间的合作探究学习基本得以解决时，各小组可以派代表通过投影、板书、书面或口头汇报等形式简要展示主要的学习成果，包括教师预设问题、小组生成问题和其他小组疑难问题的学习结果，尤其是问题的研讨思路和解决方法。教师须再次把握机会，适时延伸学习问题、补充问题情境，引导学生进一步拓展思维的深度、广度，强化重点、难点的学习，使学生的学习成果得以提高升华、巩固强化。教师还可根据教学内容和教学目标，在课前精心设计一些能够体现学生学习能力和学习要求的习题或问题，结合小组和组间合作探究学习情况，当堂对所有学生进行限时的检测反馈。检测后当即由小组组员互改、互批、互评，合作纠错。在此过程中，教师要合理设置学生的训练量、检测难度和梯度，控制好训练时间，拟定简便易行的评分（评价）标准，对各小组的检测情况进行评价，并针对性地提出学习建议。当堂巩固后还须进行学习总结，这是课堂教学必不可少的环节，是学生自我建构知识框架、总结学习心得、归纳学习方法、培养良好习惯的过程，也是学生从教师那里获得中肯评价、不足指导、学习信心和赞许激励的主要途径。

四、实践"五环节问题导学"教学模式的体会

俗话说：活到老，学到老。在奉行终身学习理念的当下，学习是永无止境的，只有不断地学习才能紧跟时代的步伐。在深化教育教学改革、全面提高教育质量的背景下，"五环节问题导学"课堂教学模式应运而生。它将学生带入崭新的课堂，真正实现让教学激发学生的学习兴趣，培养学生自主学习的意识和习惯及团结协作、互助共赢的团队理念，为学生创设良好的学习环境。通过初步实践，我们深深体会到了以下几点：

一是导学自研，激发学生学习的主动性和探究性。

教师的主导作用是学生顺利完成学习目标和任务的关键。我们应该相信学生，让学生自主学习，自己发现问题，自己解决问题，让学生真正认识到学习是自己的事。中国有句古话叫"授之以鱼，不如授之以渔"，魏书生也曾说过："现代的学生必须具备较强的自学能力，才能成为知识的主人、学习的主人，将来成为生活的主人、国家的主人。""五环节问题导学"教学模式的自主学习阶段，给学生提供了自主学习的时间和空间。教师根据每节课的学习目标、学习内容设计问题或问题情境，让学生参与导学案的设计，师生共同确定学习目标。这不仅强调学生自己主宰自己的学习，重要的是通过培养学生自主学习意识，调动学生学习的主动性和能动性，促进学生在学习过程中自我实现、自我创

新、自我发展。

二是团结协作，培养学生合作意识和团队精神。

在教学中，当学生提出自主学习疑难问题时，教师要发挥小组合作学习的优势，让优生帮差生，实现"兵教兵""兵练兵"，组内解决不了的，让其他小组帮助解决，实现生生互动、组间互动，从而培养学生的合作意识和团队精神。就合作意识而言，团队协作学习在现代教育中越来越被重视，因为它不仅仅是传授知识的过程，更是培养学生合作意识和精神的重要途径。通过协作学习，学生能够在共同解决问题的过程中学会如何与他人合作、沟通、分享和互相支持，这些技能对他们未来的生活和工作都是至关重要的。就团队精神而言，学生在团队合作中，需要将自己的个人能力与团队目标相结合，发挥各自的优势，克服困难与挑战。通过合作与协作，学生能够培养自己的创造力、想象力、观察力和分析能力等，提高解决问题的能力。

三是检测拓展，培养学生归纳总结能力和解决问题能力。

教学中教师精选达标检测题，当堂测试，全面客观地测评学生学习目标的达成度，查漏补缺，学生按时完成检测题，组内互评，纠错或全班展示，教师有针对性地点评，反馈矫正。学生在教师引导下，巩固所学知识，总结学习收获、体会和方法，实现情感、态度、价值观的提升。

教师根据教学需要和学生学习实际，对教材知识适当进行"延伸拓展"，设计出"理解"或"应用"层次开放性试题，让学生在利用所学知识思考、分析、解决这些问题时，达到迁移知识、提高解决问题能力的目的。

【作者简介】朱效生，男，江苏省上冈高级中学校长，高级教师，首届全国优秀乡村教师培养奖励计划人选。

参考文献

［1］夸美纽斯.大教学论［M］.傅任敢，译.北京：教育科学出版社，2014.

［2］杨运强."学为中心"课堂教学改革的理论依据及其分析［J］.教学与管理，2016（16）：1—4.

［3］王兴宇.活动理论视角下的智慧课堂教学模式研究［J］.中国电化教育，2020（4）：118—124.

在本质探寻中发展数学素养

——以《11～20的认识》为例

◎ 赵强群 / 江苏省南京师范大学附属小学

摘　要　数学素养的形成与发展，依赖学生对数学知识内涵的准确把握和深度理解，依赖学生对数学思维能力的切实培养和最大提升。数学教学应该重视学生的学习历程，凸显数学的本质理解，加强数学思维的培育，让学生对知识实现意义理解和自主建构，进而实现学科能力甚至数学素养的发展。

关键词　数学素养　本质理解　意义理解　深刻理解　小学数学

学生数学素养的形成与发展，依赖对数学知识内涵的准确把握和深度理解，依赖对数学思维能力的切实培养和最大提升。本文结合《11～20的认识》一课的学业要求和教学实践，来简要分析凸显知识本质、实现意义理解和素养发展的操作路径。

一、突出知识结构，形成本质理解

《义务教育数学课程标准（2022年版）》（以下简称"新课标"）指出，在教学中要"帮助学生建立能体现数学学科本质、对未来学习有支撑意义的结构化的数学知识体系……强化对数学本质的理解……建立起有意义的知识结构"。因此，数学教学须重视学生对知识本质和结构的把握，以实现对知识的理解。

（一）重视"十"的生成

数10是第一个明显体现出"数位"这一概念的数，应该重视数10的教学。对"数12"进行重点研究，设计摆小棒任务："如何一眼看出是12根？"先让学生自主摆12，在多种摆法对比的基础上形成"1捆是10根""先摆1捆，再摆2根"的认知；再提供"古人摆12"的数学史，让学生感受古人"用10个小石头换1个大石头"的智慧，巩固已经形成的十进制的经验；最后呈现日常生活中计数的事实，再次强化学生对十进制计数法普遍性的认同。

（二）注重"十几"的建构

11～20各数的认识是学生第一次自主建构"位值制"，其建构不是一蹴而就的。在着力以数12的研究作为突破点之后，应该重视对"十几"的整体建构，引导学生把握"十几"的特征，即"1个十和几个一合起来就是十几"。可以通过开放式任务"想一个十几的数，用小棒摆出来"，通过问题引领，促成学生对"十几"形成整体性的认识；也可以引导学生经由想一想、摆一摆、说一说三个有层次的活动，在动手实践中深化对"十几"的认识，并借助几何直观、完整地呈现出 11～19 各数的小棒图，引导学生横着观察、竖着观察，进一步深化对"十几"含义的理解，感受位值制的价值。

（三）关注"几十"的迁移

"20 以内的数"是后续"100 以内数"乃至更大自然数认识的"种子"，而生长的关键点是数 9、数 19 等十进制计数系统下的"拐弯数"，所以应关注"拐弯数"的探究，让学生自然生长出对"几十"的认识。可以让学生想象："如果给 19 再添加 1 是多少？""20 可以怎样摆？为什么要这样表示？"引导学生感受每满十都要捆成一捆，有几捆就是几个十。也可以设计"拿珠子"活动："这里有 10 颗一串和单颗的珠子，请你拿出 19 颗珠子，可以怎么拿？"引导学生既可以顺向先拿 10 颗再拿 9 颗，也可以先拿 2 串，再拆开拿走 1 颗珠子。这样的教学，着力在学生认知的拐点处、思维的难点处，促进自然数知识结构的完整建立。

二、拉长抽象过程，促进意义理解

抽象性是数学这门学科向教育者发出的"核心指示"。抽象，意味着一切数学活动都指向理念世界，而非经验世界。如此，数学教学要创造抽象的过程，并努力让学生在经历逐渐抽象的过程中，增强他们的数学眼光，促进数学的意义理解。

（一）在数序感知中抽象

"能用数表示物体的个数或事物的顺序"是新课标明确的学业要求。认识 11～20 各数，应该有意识地引导学生关注数的顺序。例如设计两次感知活动，第一次是用小棒图直观呈现 1～9 和 11～19，引导学生在观察中感受数的结构与联系；第二次则是通过对"尺子上的数"和"电梯上的数"的观察，结合学生的生活经验，进一步感知数的顺序。这样的活动不仅加深了学生对数的含义的理解，也进一步感知了数的顺序。

（二）在问题导学中抽象

用属于学生的真实问题激发学习需求，能够引发认知失衡，激发主动建构。可以在课末设计学生提问环节，努力把学习从课内延展到课外；也可以在课前安排学生提问环节，然后把问题分成几类，用问题激发学生积极探究的兴趣，为深度学习打下基础。可以围绕核心问题进行教学，即"摆 12 根小棒，让大家一眼就看出是 12 根""今天学习的这些数和 1、2、3……10 有什么联系"。在凸显"十"作为一个新的计数单位的作用，体会十进制的美妙与价值的同时，关注知识之间的联系与区别，加深数的记忆，丰富数的感悟，从而建立完整的知识结构。

（三）在生活融入中抽象

数学的眼光来源于对现实对象的抽象。应该注重从学生的现实生活中取材，在学习了 11～20 各数后，让学生带着新的收获重新回到现实生活中。可以出示多种"10 个一打包的物品"，让学生从不同角度体味设计的优越性，体会"十进制"思想在日常生活中的价值。这种"反观"不仅让学生感知到数学在生活中是无处不在的，感受到数学在生活中的价值，更让学生在审视生活现象时多了一份理性思考，培养其逐步学会以数学的眼光来洞悉事物的本质。

三、强化学习过程，促进深刻理解

数学教学应该引导学生经历有过程的学习，从而更好地习得知识、形成素养。

（一）多样化材料导学

皮亚杰曾说：数不是某个东西的名称，它是事物与事物之间的相互关系，这种关系不是直接用语言来教的，而是儿童通过感知、操作活动在动作中体验、发现、创造的。因此，自然数概念的形成必须经过实际操作，在操作中感悟、体验。可以借助小棒这一直观材料，启发学生把10根小棒捆成一捆，在操作活动中深化对"10个一就是1个十"的理解；提供草莓图、石子、打包好的鸡蛋和纸巾等生活化素材，让素材不断发生变化，但不变的是数满10个就聚在一起，10个一是1个十。这样，在多元的结构化材料中，可以让学生深刻体会十进制思想。除了结构化的操作材料，还可以在探究数12的过程中，有机融入古人摆石子计数的故事，让学生进一步感知位值在计数中的美妙和合理。

（二）体验性任务促学

一年级学生的思维以具体形象为主，有效的体验性任务有利于学生达成从直观动作思维到具体形象思维再到抽象思维的进阶，也就是对计数单位"十"的理解。

充分的数数活动是学生形成数概念的基础，有利于对数概念的深刻理解。例如，在探究数12的过程中，让学生数出12根小棒，通过一根一根地数，学生知道了表示某一集合的数量；通过两根两根地数或五根五根地数，丰富了对数的认识；通过把10根小棒捆成1捆再计数的方法，感受10参与计数的优越性。此外，数数活动中也渗透了对应的数学思想，不遗漏、不重复的数数要求，也是在培养学生有序地观察、有序地思考等数学思想和方法。

（三）反思性问题助学

数概念的形成基于学生直接或间接的认知经验，但又不能完全依赖经验，也需要学生的理性思考。教师可以在体验性活动后有意识地通过反思性问题将学生的思维活动引向"深水区"。比如，在"摆十几"这一操作活动结束后引导学生进行有价值的比较。第一次比较，学生在摆12的过程中出现了不同的摆法，在讨论中突出1捆小棒很方便，明确计数单位十的简便性；第二次比较，在学生自主用小棒摆了十几以后，让学生观察，大家都在数零散的单根小棒，没有数整捆的小棒，让学生再次体会到1个十的方便；第三次比较，是在学生自主摆出十几后，整体进行比较，发现都有1捆小棒，对应1个十，零散的小棒对应几个一。实践之后的反思可以促进学生的经历转变为更具有价值和生长性的经验，催生深度理解的形成，有效发展学生的数感。

【作者简介】赵强群，女，江苏省南京师范大学附属小学教师，一级教师。

提升户外体育游戏活动品质的策略

◎ 朱留花 / 江苏省盐城市张庄中心幼儿园

摘　要　幼儿乐于参与游戏，在游戏中他们会积极思考、探索。生活中有丰富的游戏材料，在陶行知"生活即教育"和"课程游戏化"等思想的引领下，教师可以利用生活材料，组织游戏化的户外体育游戏活动，提升幼儿教育质量，促进幼儿身心全面健康，助力幼儿可持续发展。

关键词　幼儿教育　课程游戏化　户外体育　生活材料

《3～6岁儿童学习与发展指南》（以下简称《指南》）指出，要促进幼儿身心健康发展，保证幼儿充足的睡眠和适宜的锻炼，让幼儿具有发育良好的身体、愉快的情绪、强健的体质、协调的动作。《指南》还指出："每天为幼儿安排不少于2小时的户外活动，其中体育活动时间不少于1小时。"可见，户外体育活动对幼儿的成长非常重要。但幼儿户外体育应该用什么来玩、玩什么、怎么玩，却成了摆在幼儿教师面前的难题。陶行知的"生活即教育"理念认为，生活中有鲜活的教育素材，应引导儿童在生活中学习。教师践行"课程游戏化"理念，可以活用生活材料，组织幼儿参与户外体育游戏活动。

一、挑选生活材料，尝试花样游戏

幼儿户外体育游戏活动的组织原理很简单，即在确保幼儿安全的情况下，让幼儿走起来、跑起来、玩起来，让幼儿的身体在快乐的户外游戏中得到锻炼。户外体育游戏并不需要购买精美、华丽的体育器材，教师可以与幼儿一起挑选生活用品，巧妙设计玩法，让幼儿在户外"玩"起来。

教师可以带领幼儿选择生活中现成的工具、材料，比如将幼儿园的桌子搬到户外，一张挨着一张，摆成一定的形状，幼儿可以在桌子下面练习爬行，可以在桌子上面练习爬行；或运用废弃轮胎，教师带领幼儿玩滚轮胎、用绳子拉轮胎、双人抬轮胎、将轮胎搭建成小山后让幼儿爬小山等；用幼儿园的椅子，可以玩抢椅子游戏，放倒椅子、扶起椅子、把椅子排成一排在椅子上保持平衡快速走、在椅子上跳上跳下、在椅子上转移物品等。只要教师与幼儿一起挑选生活材料并精心设计，能玩出花样户外体育游戏。

二、关注自制材料，引导创意设计

除了直接利用现成的生活材料，教师还可以给幼儿时间和机会，让幼儿自主动手创意制作户外体育游戏材料。这里创意设计和制作所选用的也是生活材料。教师与幼儿一起交流，学习制作方法，再由幼儿动手制作生活化的体育器材，既可以锻炼幼儿的动手能力，也可以提高幼儿的满足感和自信心。

如制作藤编球，由于藤编球的编织方法比较复杂，幼儿没有用藤条编织花球的经验，很难通过自学完成。在这种情况下，教师可以和幼儿一起准备藤条、藤皮、藤条芯等材料，与幼儿一起动手进行藤条编织。教师示范操作，幼儿模仿教师的样子动手操作，在遇到困难后，可以邀请教师辅助；或幼儿合作参与藤条编织游戏。编好的藤编球可以用来玩滚球、抛接球、扔球等游戏。

我们还可以自制"稻草人"玩具，组织幼儿玩"打败稻草人"的游戏；自制"石头保龄球"，邀请幼儿运用"石头保龄球"玩户外保龄球游戏；用稻草、布料制作沙包，玩丢沙包的户外游戏；用布料和沙包制作"降落伞"；等等，借助自制玩教具组织幼儿参与户外游戏。

三、激励设计玩法，发展创新思维

在幼儿准备好自制体育材料，且动手完成后，教师还可以准备一些现成的生活工具作为体育器材，鼓励幼儿动手创意设计体育器材的玩法。教师可以做好启发、鼓舞与激励的工作，引导幼儿巧妙利用器材参与多样化的体育游戏。教师可以提示幼儿这些体育器材的玩法多种多样，可以从不同角度去设计。

如幼儿可以在踢纸球游戏中加入得分元素，用积木当作障碍物，将远处的目标分割为5个区域，得分分别是1分、3分、5分、3分、1分，幼儿踢纸球，踢到哪个门洞，就能得到对应的得分；或者将轮胎设计成投球门洞，不同门洞对应不同的分数，幼儿将球投入门洞，投中哪个就得到对应的分数。

轮胎也可以用来作为体育器材，由幼儿自主设计轮胎的多种玩法。教师给予幼儿时间和空间，鼓励幼儿创新思考，创意设计轮胎的多样化玩法，如滚动轮胎绕障碍物跑、8字滚轮胎、穿越轮胎（从轮胎中间穿过去）、翻山越岭（将很多轮胎堆积在一起，形成小山，幼儿从小山上爬过去）等，培养幼儿的创新思维、创造力。

只要教师给幼儿机会，让幼儿创意设计生活化体育器材的玩法，激励幼儿创新思考与创意设计，一定能发展幼儿的创新思维、发散思维。

四、鼓励亲身参与，回归生活实践

幼儿的身心发展需要参与适宜的户外体育活动。基于幼儿的身心发展需求和《指南》的要求，教师和家长应推进家园共育，在适宜的天气，选择适宜的户外场地，利用生活材料或其他适宜的材料，组织幼儿参与玩法多样、有趣好玩的户外体育活动。教师和家长的支持、配合与合作参与非常重要，教师和家长应将户外体育活动延伸到幼儿的日常生活中，创造条件和机会，让幼儿真正地每日亲身参与。

教师在一日生活中，要确保幼儿参与户外体育活动的时间。除了准备好生活化的体育器材，教师还要确保幼儿户外体育活动的时间。在天气比较好的时候，带领幼儿亲身参与户外体育游戏活动。如让幼儿在户外玩搬运球、套圈圈、跳圈圈、绳子网匍匐前行、滚轮胎、抢凳子游戏等，快乐户外，探索成长。

家长在日常生活中，也应多带领幼儿参与户外体育活动。如家长用一根绳子，就能带领幼儿玩花样走迷宫、小兔子跳、开合跳、螃蟹爬、组合跳、S形跑等游戏。家长还可以带领幼儿一起玩踢纸球、抛接球、滚球、传接球等游戏，锻炼幼儿的反应能力和身体协调能力。教师组织亲子游戏活动也很重要，可以在开放日组织亲子游戏活动，比如老鹰捉小鸡、两人三足、纸箱汽车等。组织亲子户外体育活动，能拉近亲子关系，促进幼儿身心健康发展。当然，为了提高活动成效，教师应与家长制订每周户外体育游戏的计划，关注幼儿良好户外体育锻炼习惯的培养。

总之，在课程游戏化背景下，教师可以巧妙运用生活材料，组织幼儿参与户外体育游戏活动；也可以直接利用现成的生活材料，与幼儿一起创意设计户外体育游戏的玩法，鼓励幼儿参与趣味的户外体育游戏；还可以邀请幼儿运用生活材料，动手制作体育游戏器材，发展幼儿的动手能力和创新思维。在运用自制材料参与户外体育游戏的同时，教师应鼓励幼儿在生活中积极参与户外体育游戏，培养幼儿良好的体育锻炼习惯、健康的身心和健全的人格，促进幼儿可持续发展。

【作者简介】朱留花，女，江苏省盐城市张庄中心幼儿园教师，一级教师。

参考文献

［1］王雅瑜.户外运动区游戏幼儿行为的观察与分析的实践探究——以中班体育区域"趣味玩竹"为例［J］.福建基础教育研究，2024（9）：138—141.

［2］季绘.课程游戏化背景下幼儿体育游戏的开展［J］.山西教育（教学），2024（9）：95—96.

［3］陈新雯.幼儿户外体育游戏中深度学习的支持策略——以中班"跳橡皮筋"为例［J］.幼儿100（教师版），2024（9）：48—50.

［4］林金芳.幼儿户外体育游戏活动的实践策略研究［J］.教育界，2024（24）：107—109.

有机贯通：连云港扎根本土推动思政教育一体化建设

◎ 林田海 / 江苏省连云港市委教育工委

习近平总书记强调，要不断加强和改进新时代学校思想政治教育。连云港市牢牢把握立德树人这一头等大事和根本任务，扎根本土探索，着力探讨各学段统筹推进思政教育一体化建设的内在向度与实践路径，推进各个学段思想政治教育的有机衔接。

一、强化顶层设计，建立协同贯通建设机制。着力解决大中小学思政教育一体化建设运行机制不畅、经费保障不到位等问题

一是统筹设计规划，建立协同贯通建设机制。市委宣传部、市委教育工委严格落实思政课建设主体责任，牵头成立大思政课一体化建设指导委员会，推动全市实施大思政课一体化建设指导意见等政策文件，明确建设意义与部门任务，突出经费保障，落实工作职责。统筹开发本地传统文化和红色革命教育资源，编制丝路文化探究等大中小学地方融合课程。

二是编制工作目标责任书，建构一体化评价体系。助推在连高校"大手"拉住中小学"小手"，以5所高校牵头成立的5个共建联盟体为基础，辐射引领所属县区各学段学校同向同行。编制《连云港市大中小学思政课一体化教育联盟工作目标任务书》，明确共建联盟体每学年思政教师开展各类研讨活动不少于2次；书记、校长同上"思政第一课"每学年至少8节；打造思政优秀课例至少8节；等等。

三是突出引领辐射，发挥地方高校"头雁"作用。充分发挥地方高校的组织凝聚、支持指导、引领辐射作用，积极促进大中小学教育联盟学校之间的合作与交流。第一联盟江苏海洋大学开展丰富的西游文化创意研究，在地域文化设计、视觉媒体艺术等领域取得丰硕成果；连云港师专一附小悉心研究《西游记》与花果山的历史渊源等，深度感受西游文化内涵，收获成长探究的乐趣。

二、突出课堂主渠道，推动思政课与课程思政耦合联动。着力解决大中小学课程目标内容割裂、重复、倒置和方法简单以及教书与育人有机统一问题

一是突出思政课一体化建设，着力站稳思政课课堂。借助一体化教育联盟单位、名师工作室等载体，开展政治认同素养导向的"同题异构"教学系列活动。深化

"手拉手"集体备课制度，教育联盟牵头高校针对各学段教学重难点、内容衔接、教学方法衔接等问题组织线上线下集体备课、同主题教学研讨，推出思政课一体化主题教学案例60项。

二是彰显全学科育人，发挥每门课程独有的育人价值。每年举行大中小学课程思政赛课活动，分高校、高中（中职）、初中和小学四个组别，通过案例分析、实践活动等多种教学方式，将价值塑造润物无声地融贯在教育教学之中。获奖课程在"学习强国"等平台上进行展播。

三、彰显山海底蕴，打造思政行走课堂。着力解决思政教育活动封闭、分散、低效、各自为战以及校家社协同育人问题

一是开发"思政+跨学科"融合学习课程群。依托开山岛、抗日山、革命纪念馆等大思政课教学基地，将红色文化有机融入大思政课。全市建构了馆地校一体联动的大思政课程资源，研制系列化地方红色资源专题式示范课程60项、党团队一体化育人案例40个。

二是打造"百校万生研学港城"实践课堂。开发"一带一路"倡议首个实体平台项目——中哈连云港物流合作基地、上合组织（连云港）国际物流园等100个学习实践打卡点；研发分布于不同县区的爱国主义教育研学路线6条，构建大思政课程群6个。

三是构建大思政课教育品牌主题活动。全市定期开展"劳模工匠进校园 思政教师进企业""小马扎巾帼流动课堂""小红砖

宣讲"等系列品牌活动，讲好"连云港党史奋斗故事"，组织红色小讲解员大赛、寻爱国印记等活动，增强思政工作的时代感和吸引力。

四、聚焦师资队伍，助力育人质效提升。着力解决思政教育一体化建设意识不够强和能力不足等问题

一是种好思政"责任田"，聚焦课程建设"主战场"。组织专家创新编制《连云港市全面推进大中小学课程思政建设实施方案》，编制素养导向下的思政课一体化建设知识图谱与逻辑框架。目前全市已形成素养导向的一体化主题教学案例120余项。

二是抓牢教师队伍"主力军"，抓好课堂教学"主渠道"。积极培育"瀛洲大先生行走课堂"等融通平台，成立高中段的青年马克思主义学院；统筹5个教育联盟体，落实教师集体备课及课程思政教科研训一体化培训机制，突破思政教师培养"各管一段"的现实壁垒，培养种子教师百余名。

三是搭建展示台，培养好新时代"大先生"。每年10月开展"红心不负新时代"大思政课一体化建设成果展示系列活动，来自大中小学的思政课教师进行集体备课、协同教学与一体化教学论坛，通过行走的思政课、微班会课、社团思政、主题宣讲、实践研学等形式，充分展示大思政课一体化建设的创新实践。此项目不仅增强了思政工作的吸引力和感染力，同时也强化了师资队伍建设。

【作者简介】林田海，男，江苏省连云港市委教育工委副书记。